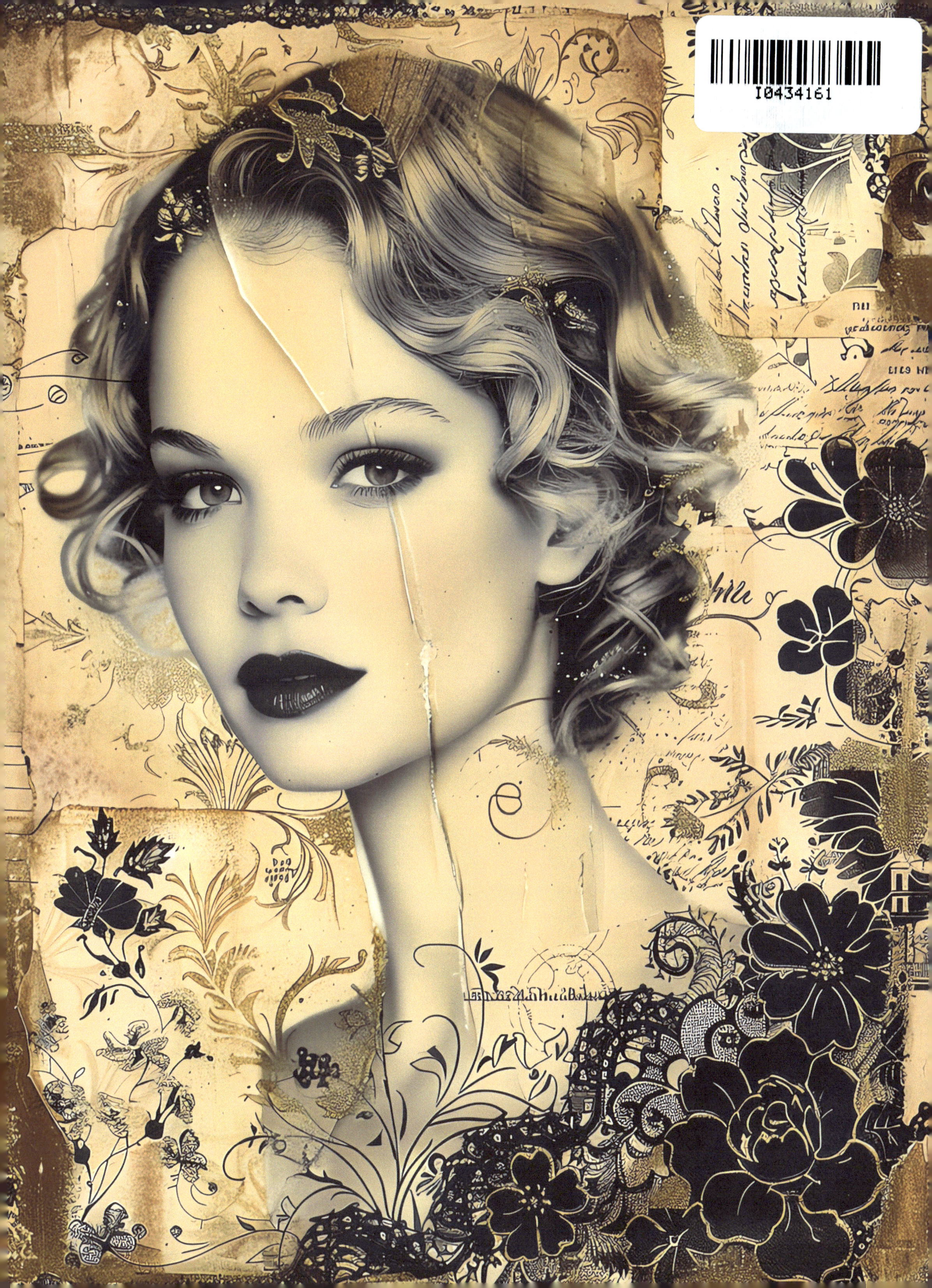

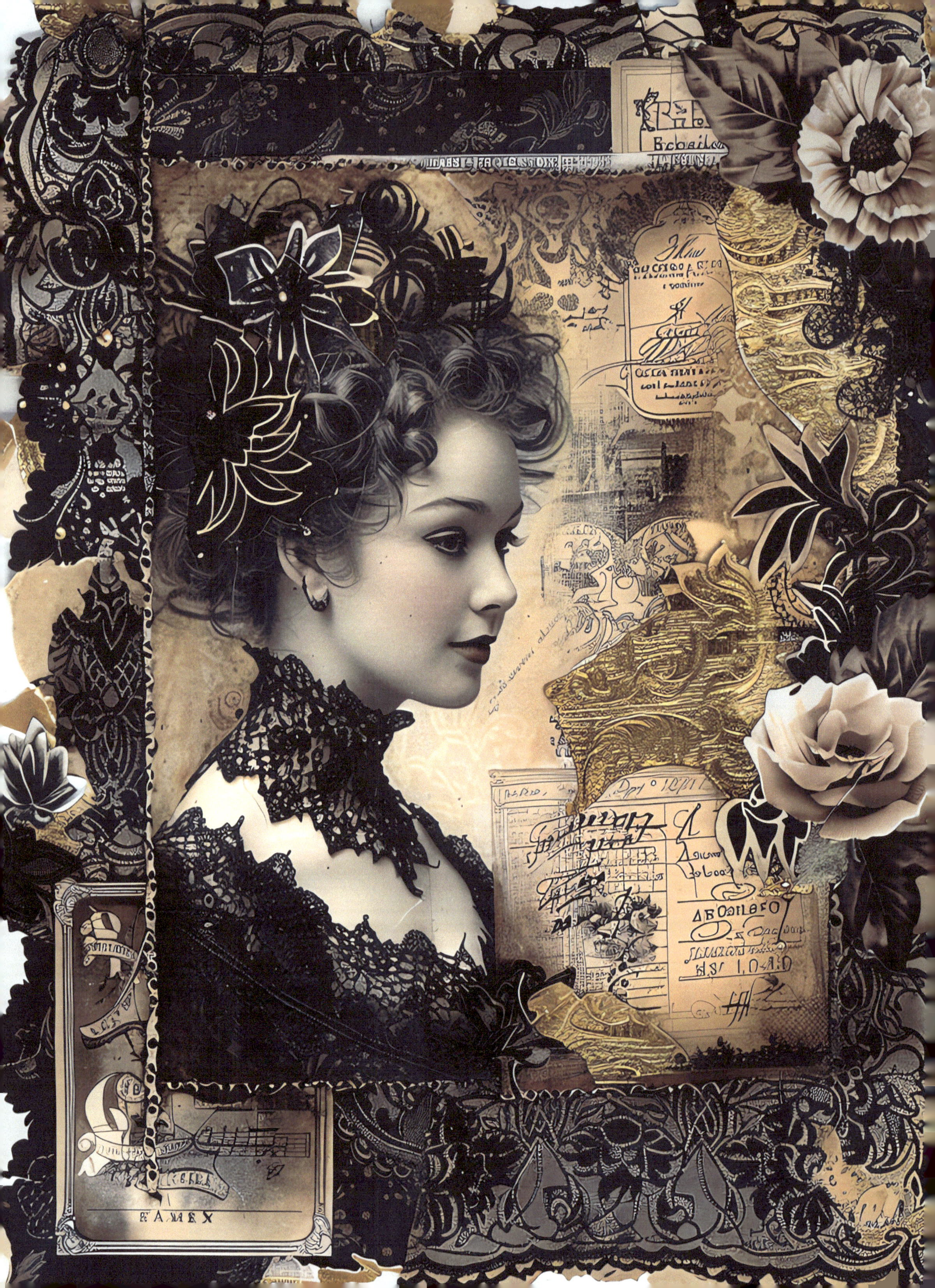

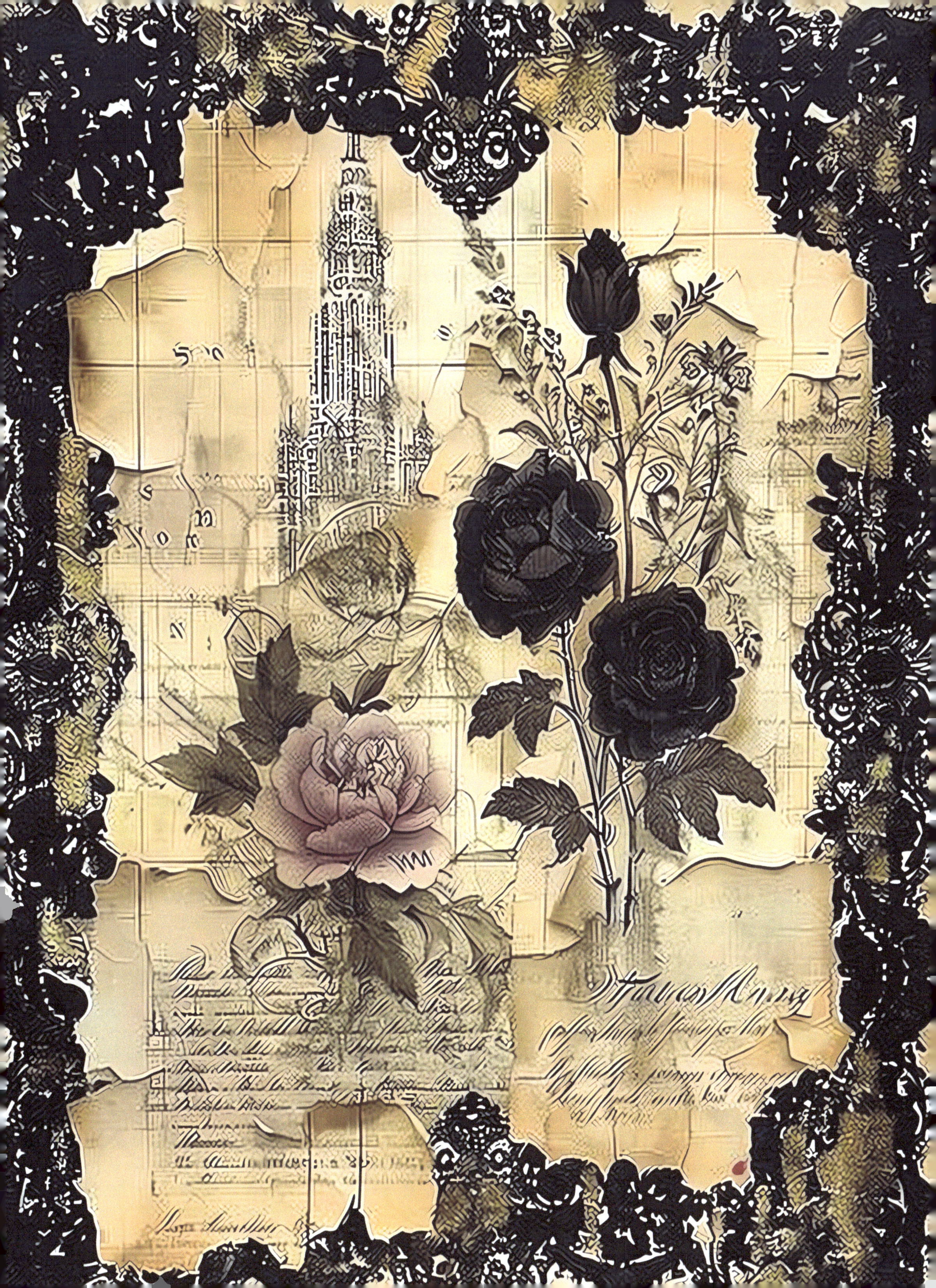

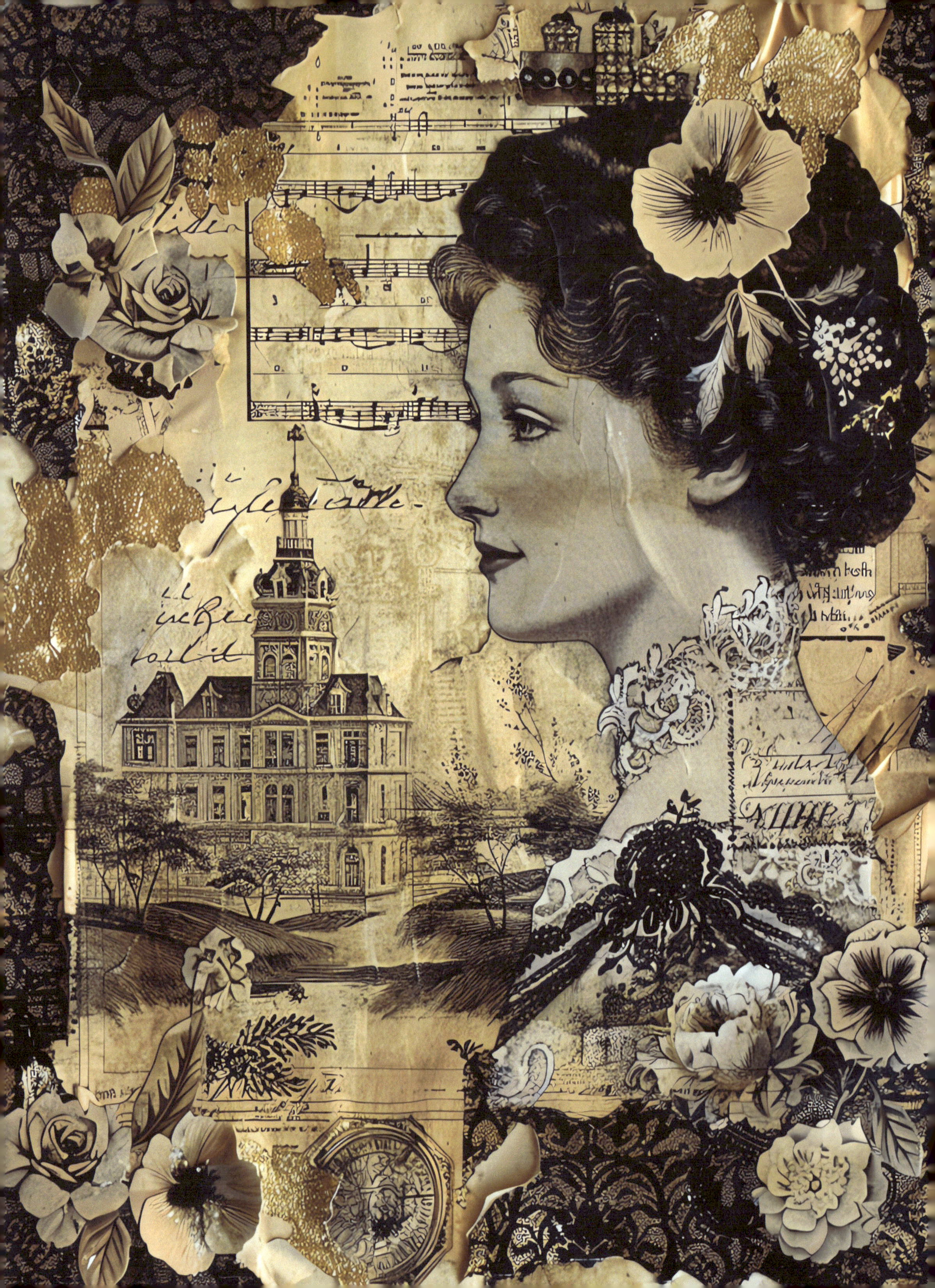

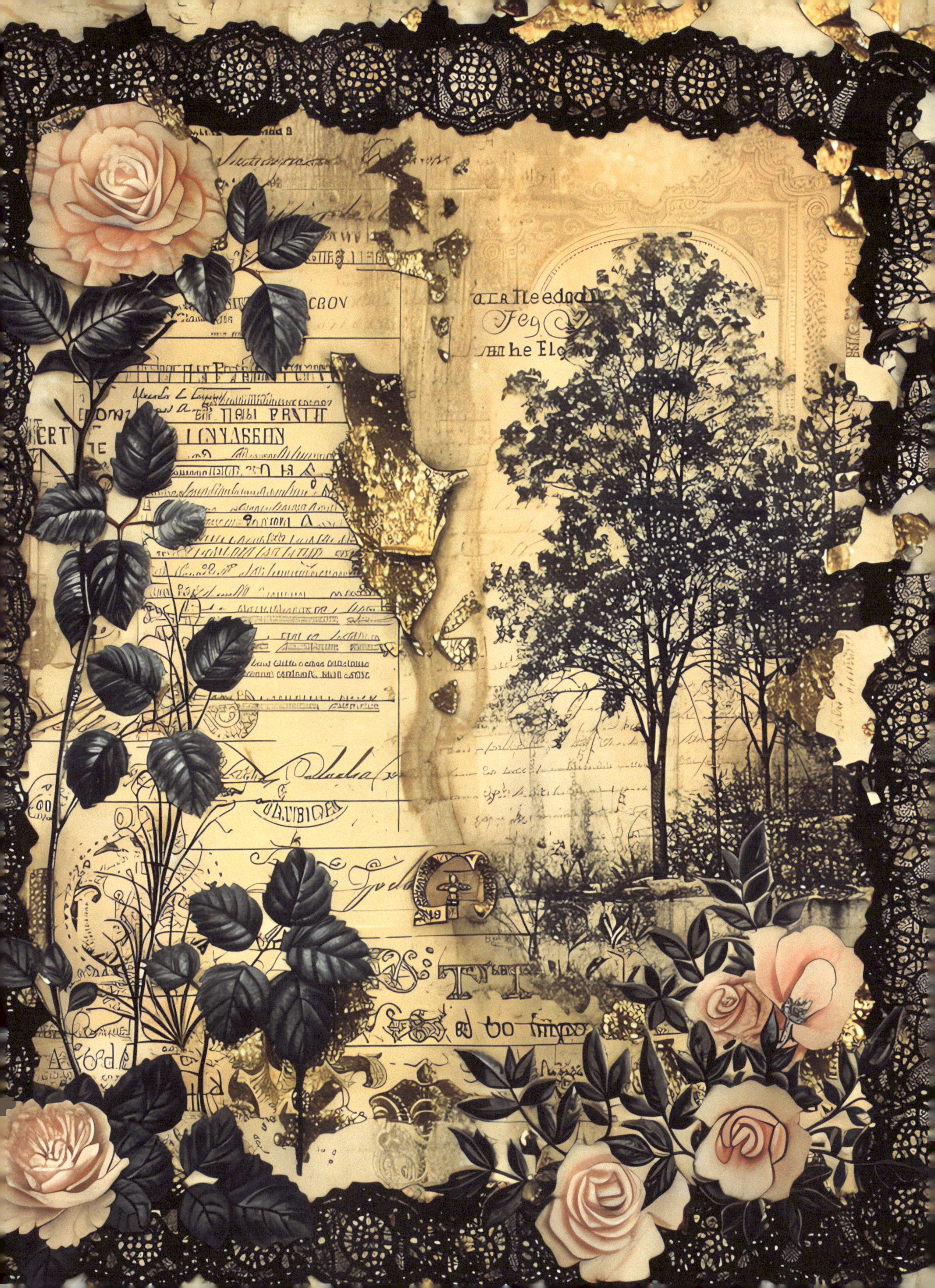

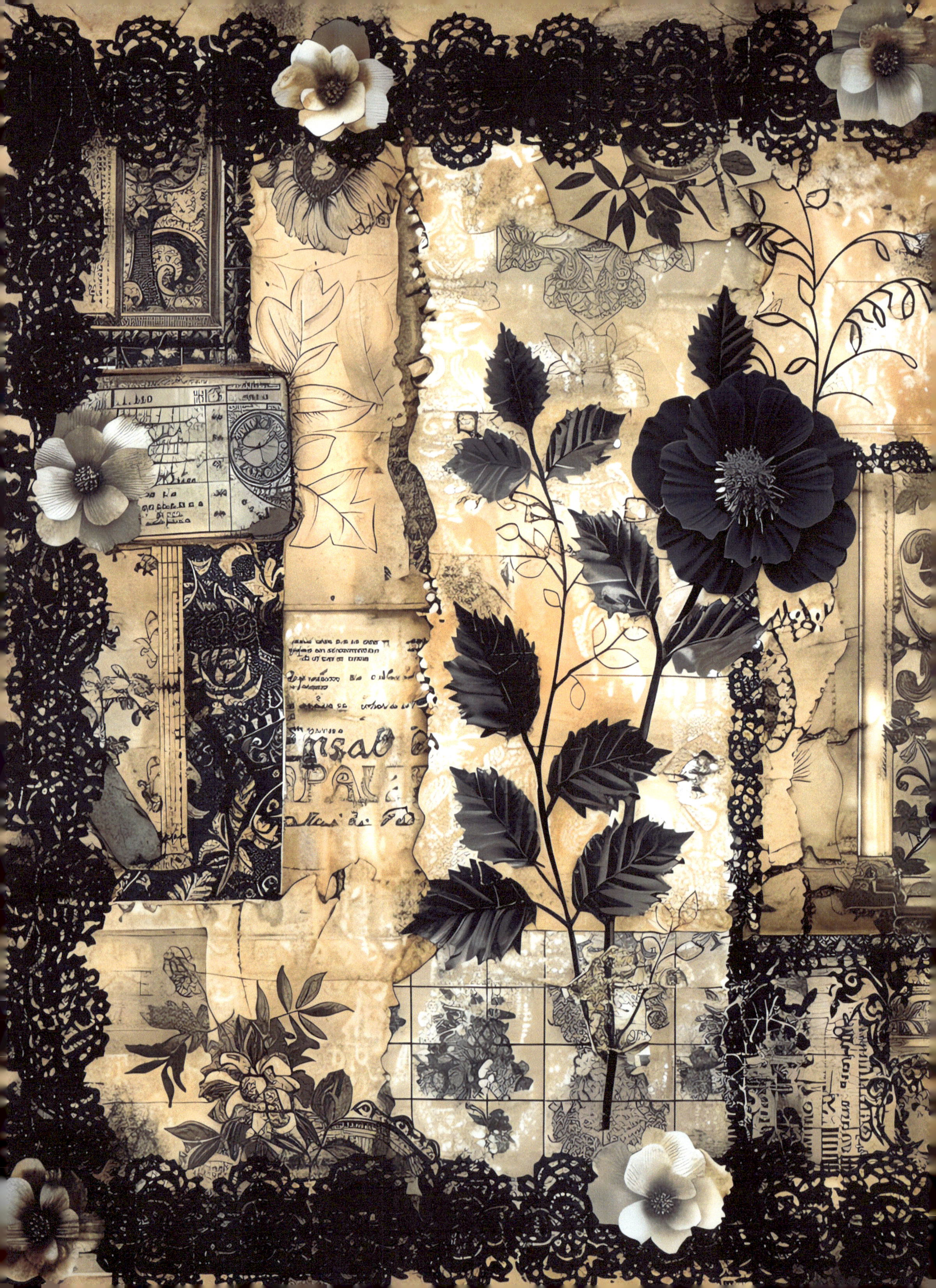

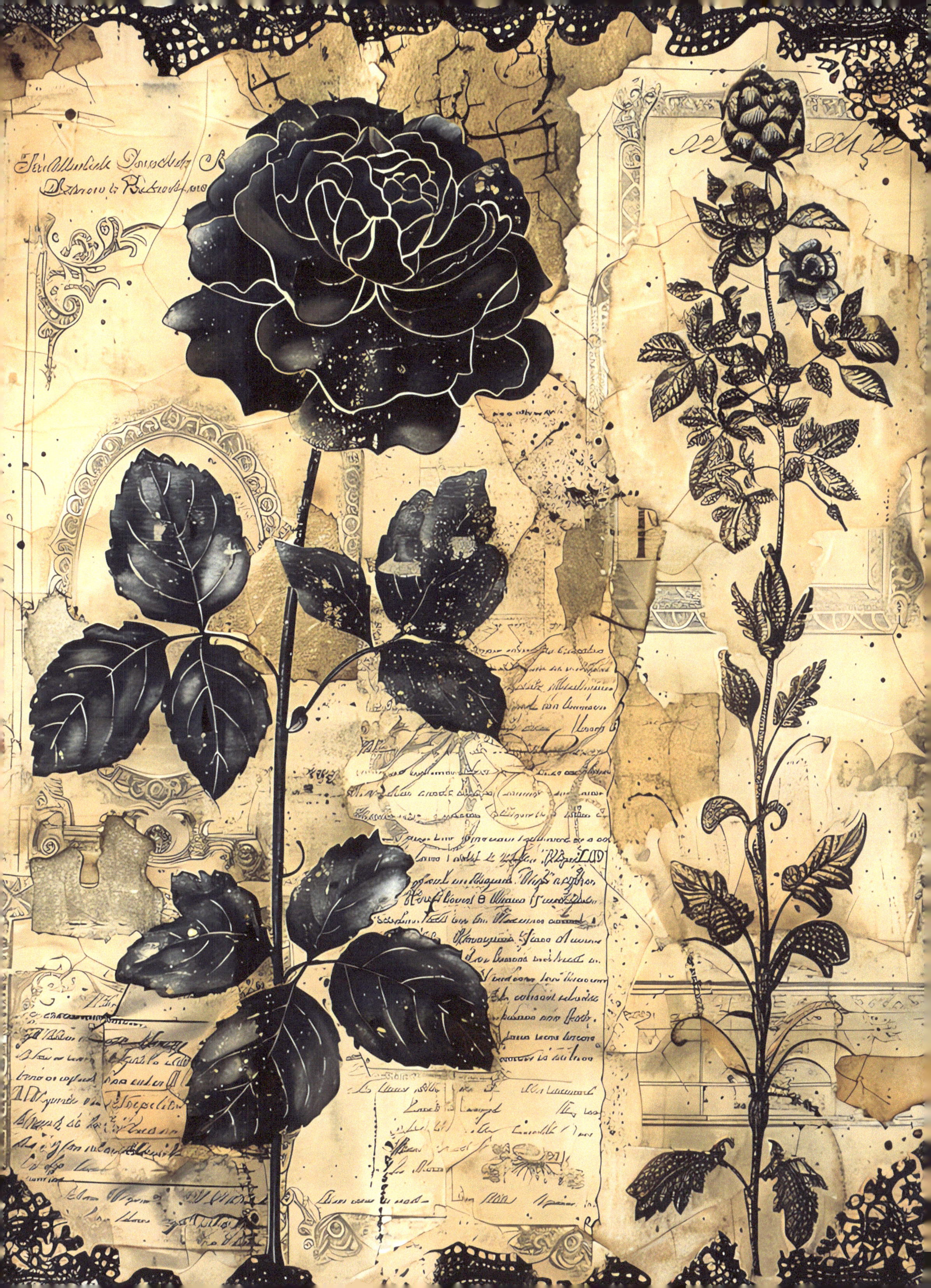

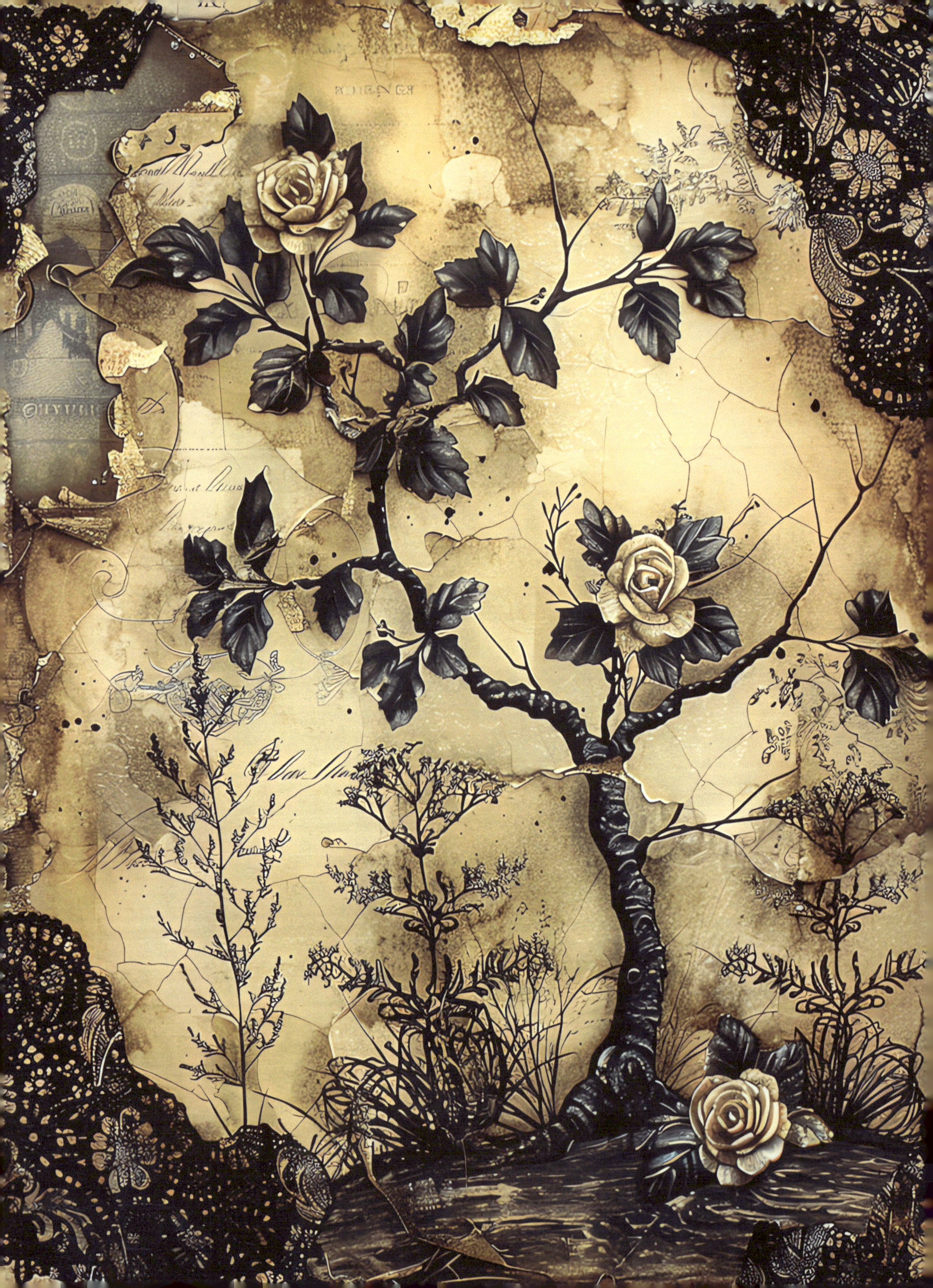

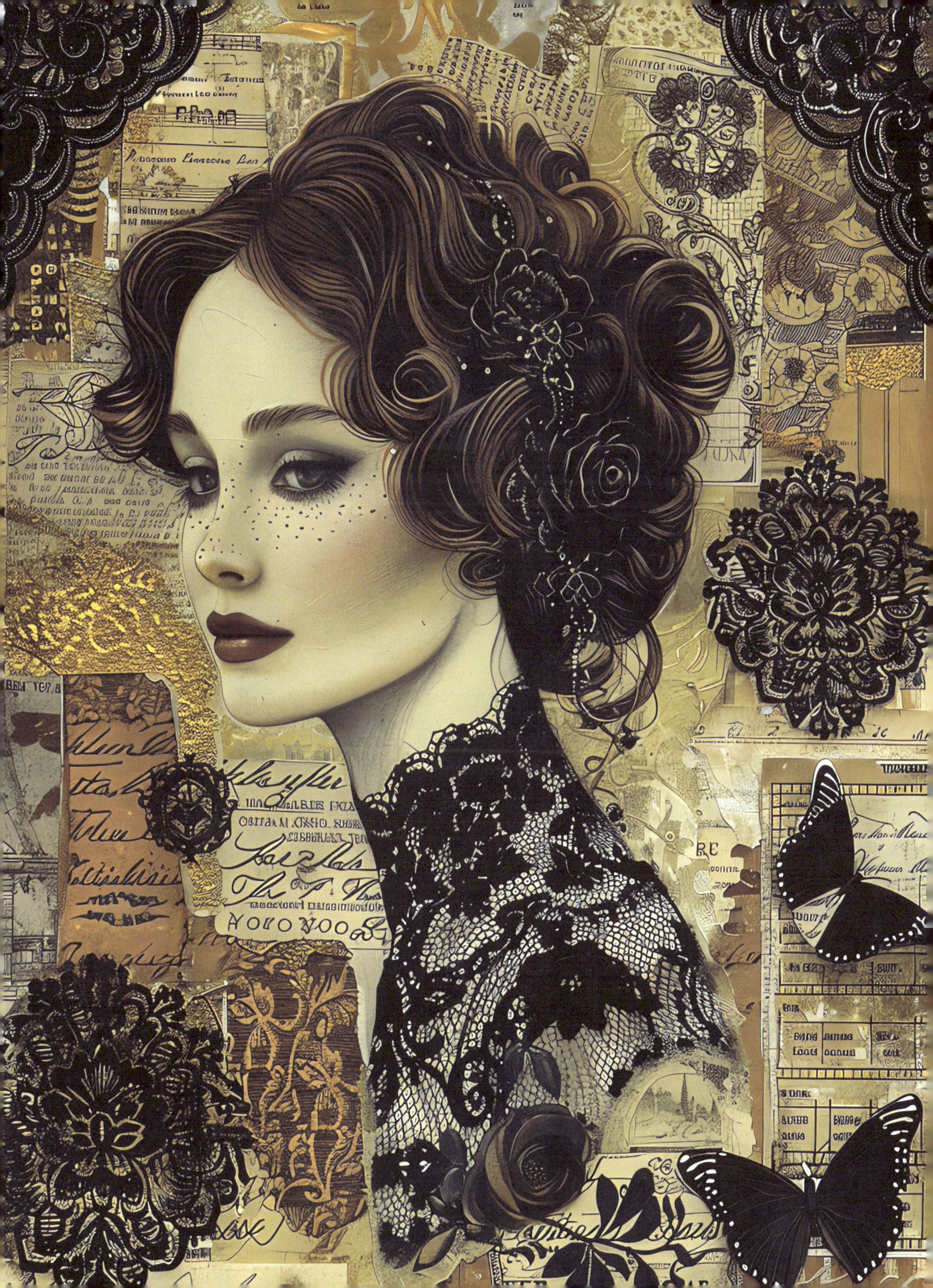

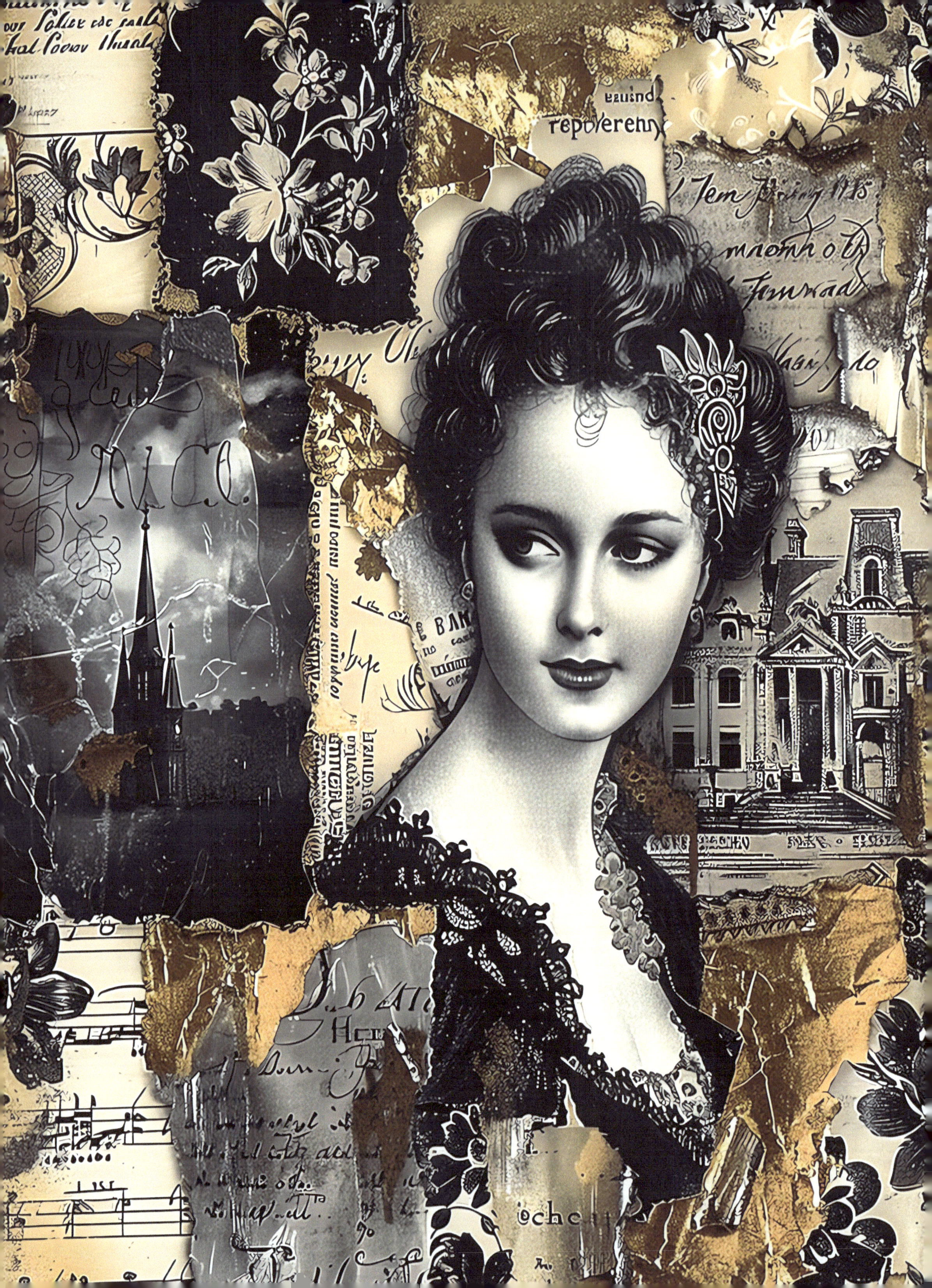
repoverenny

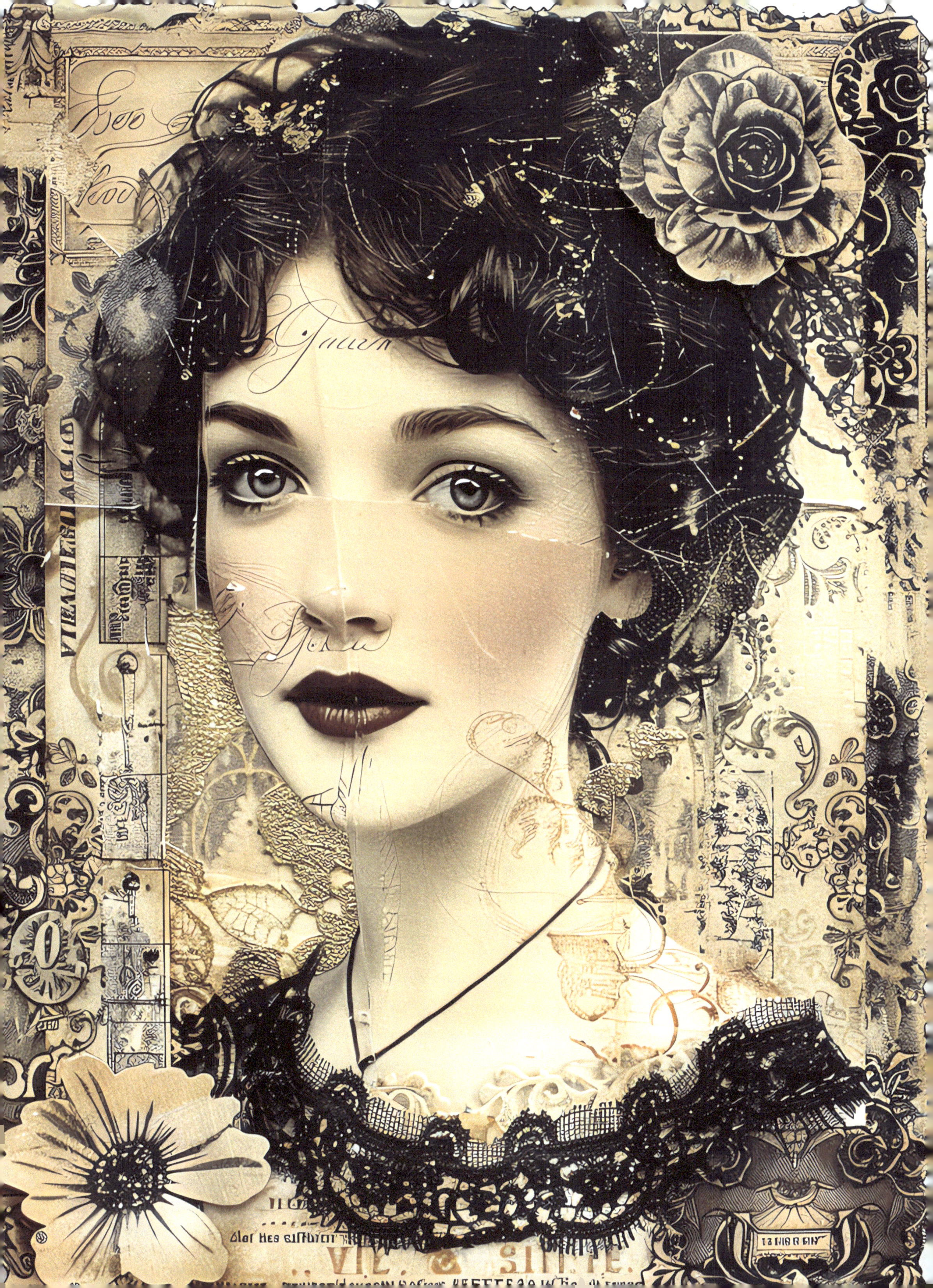

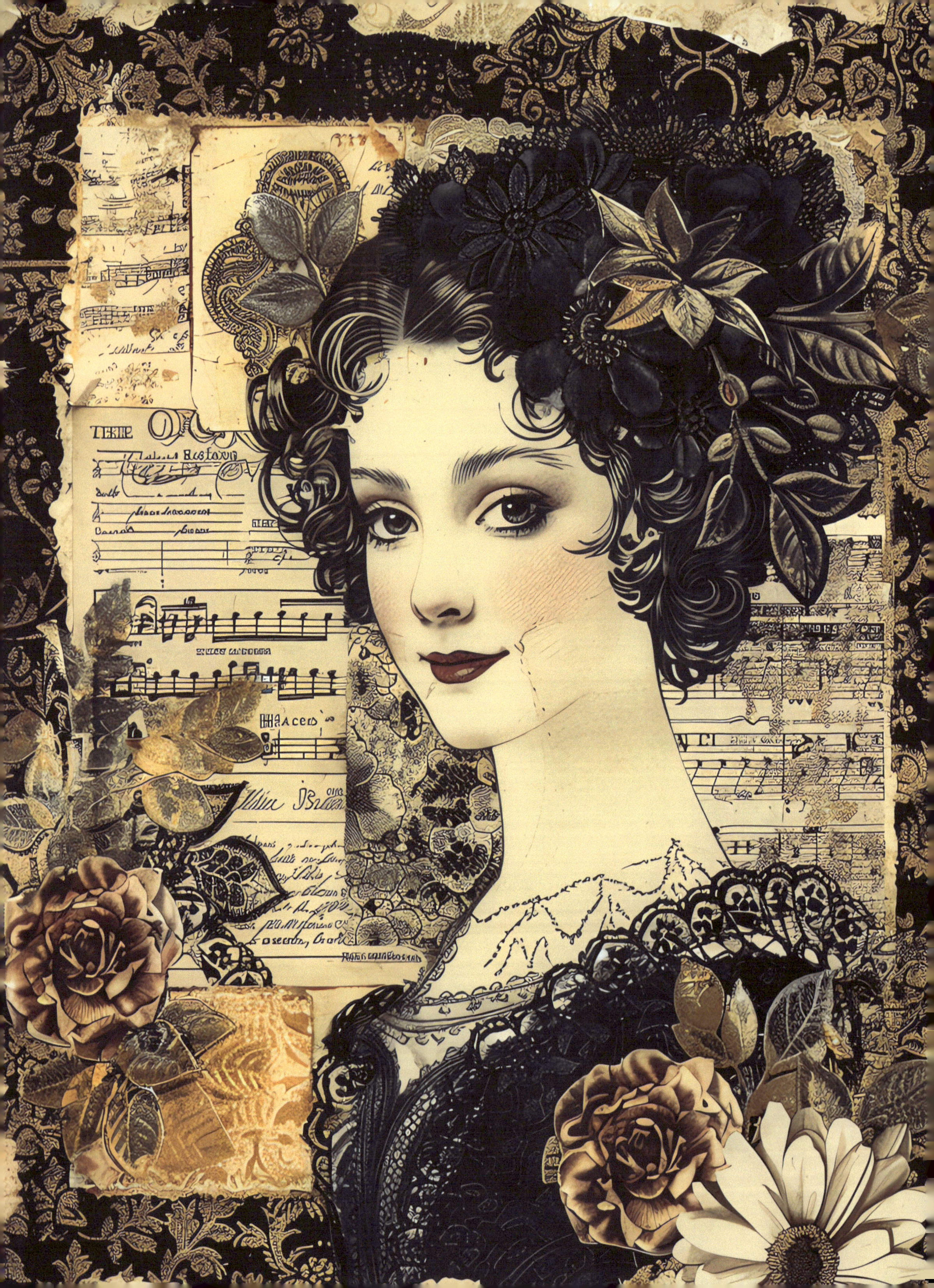

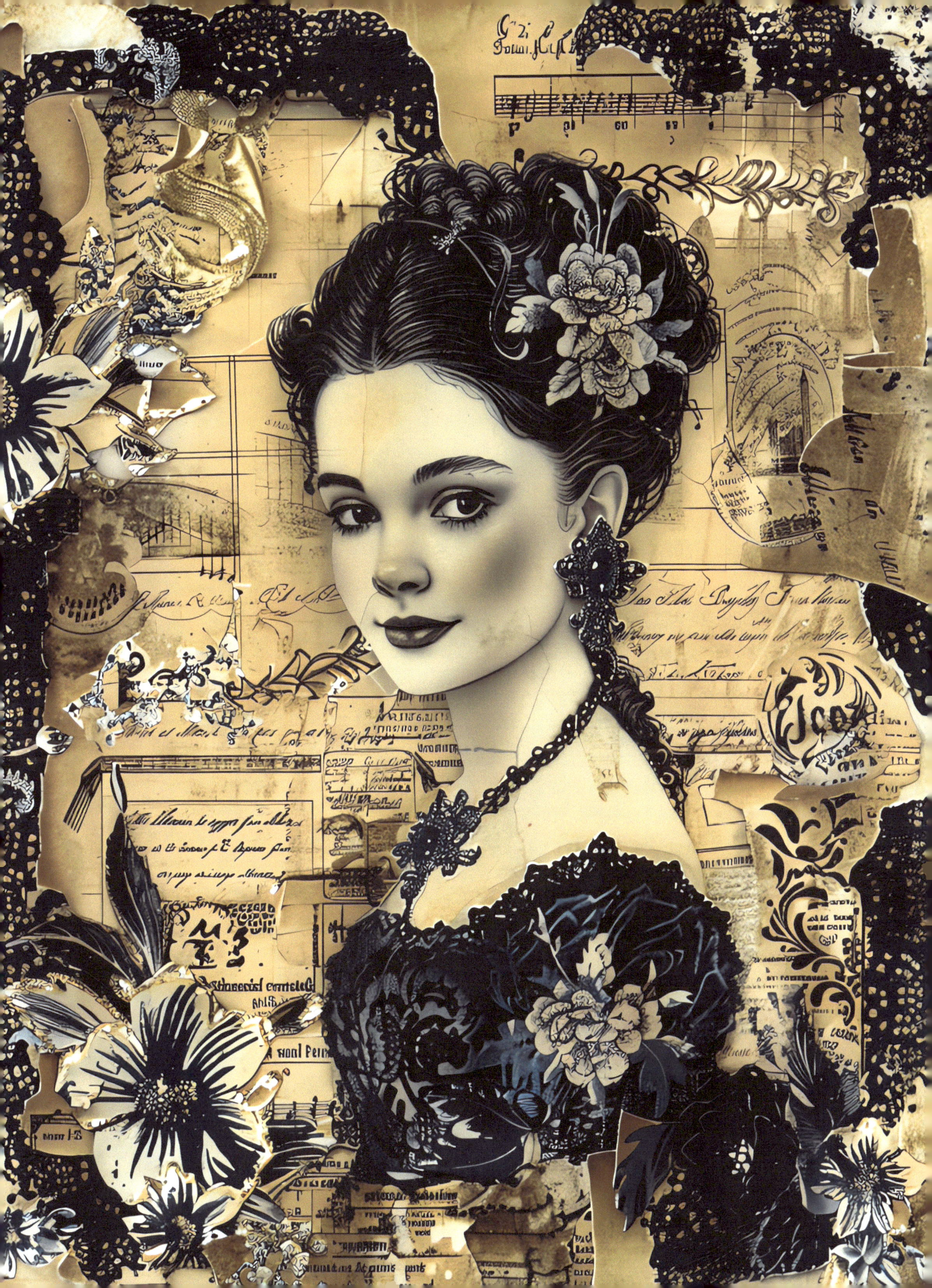

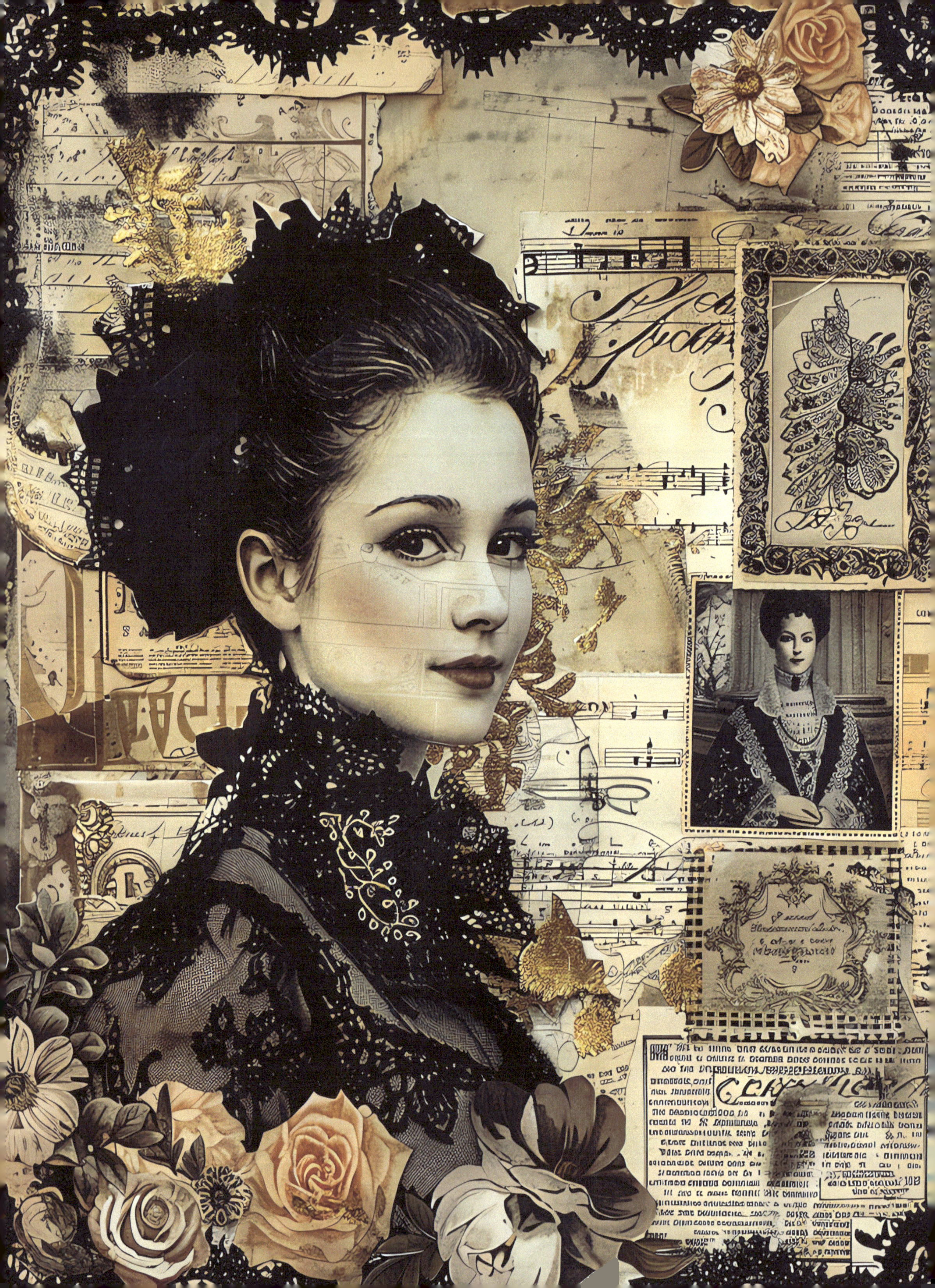

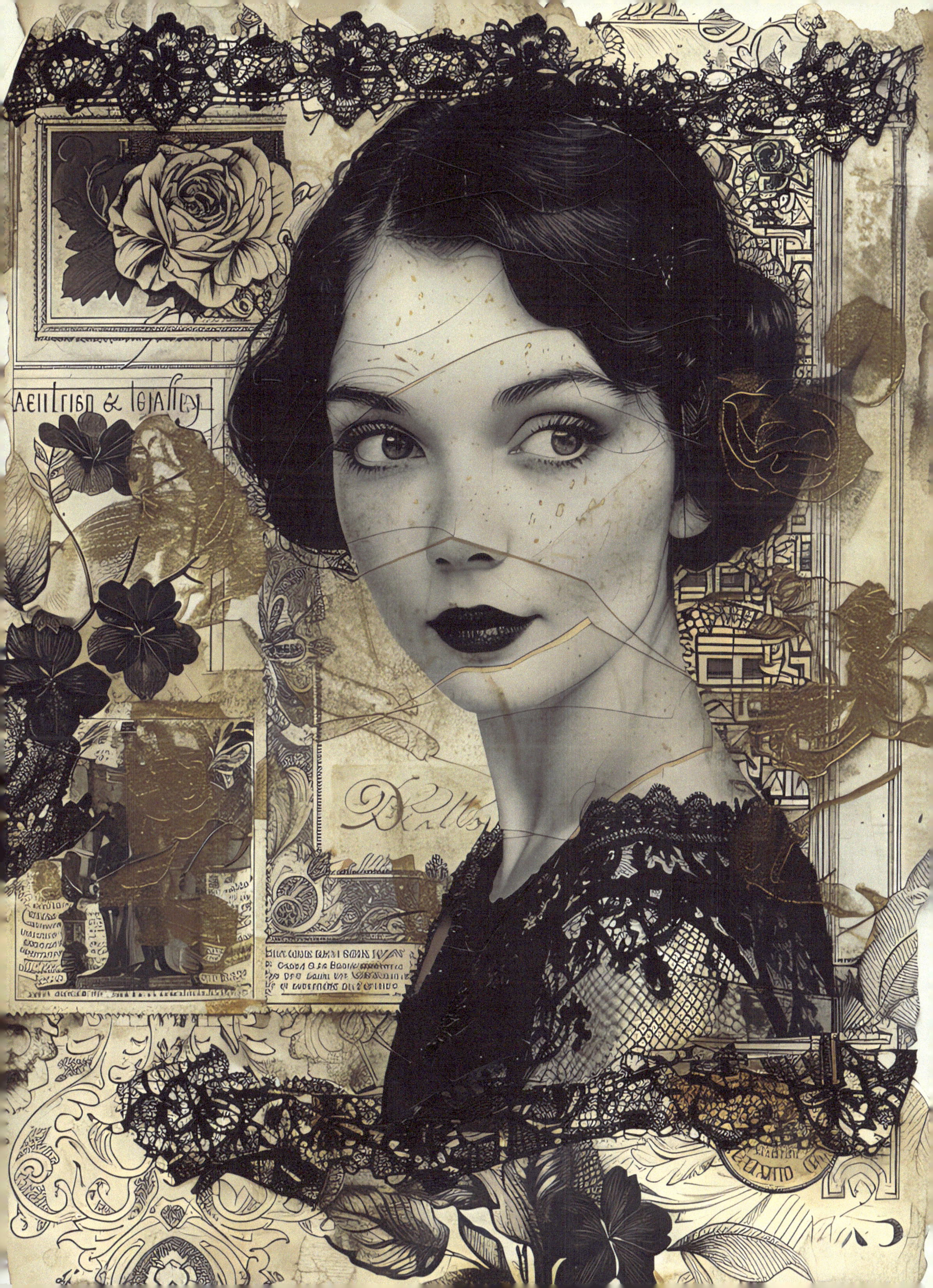

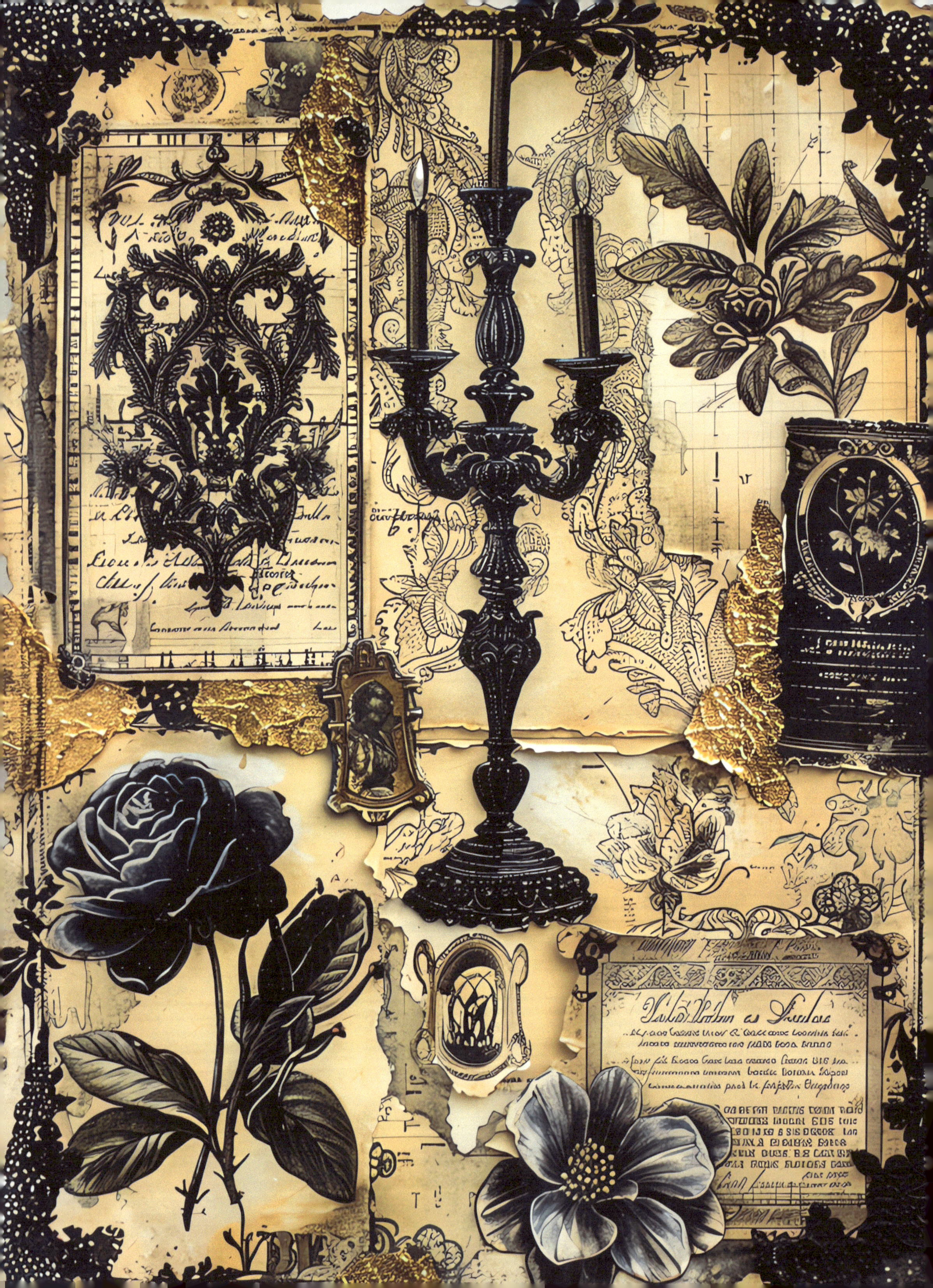

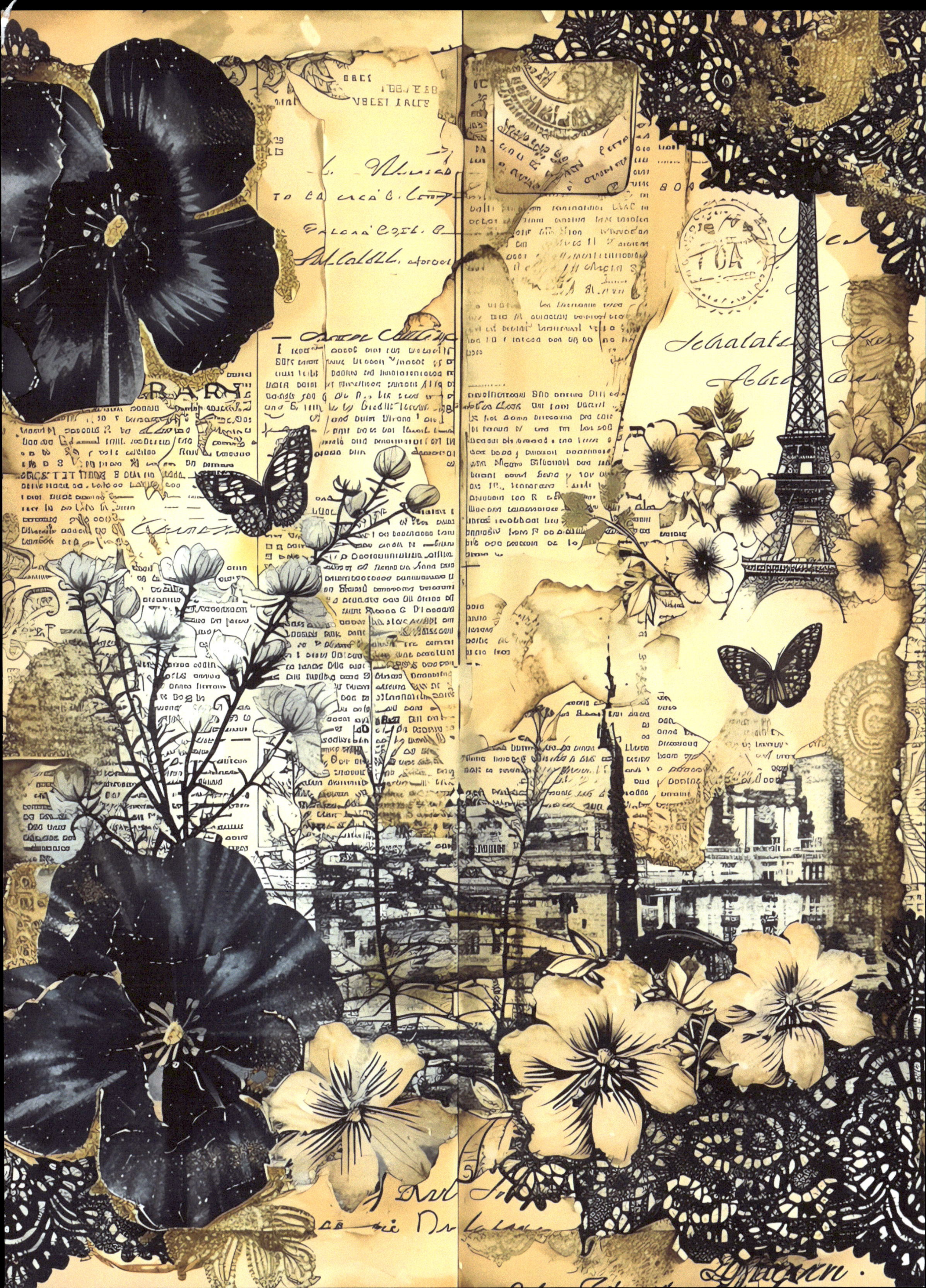

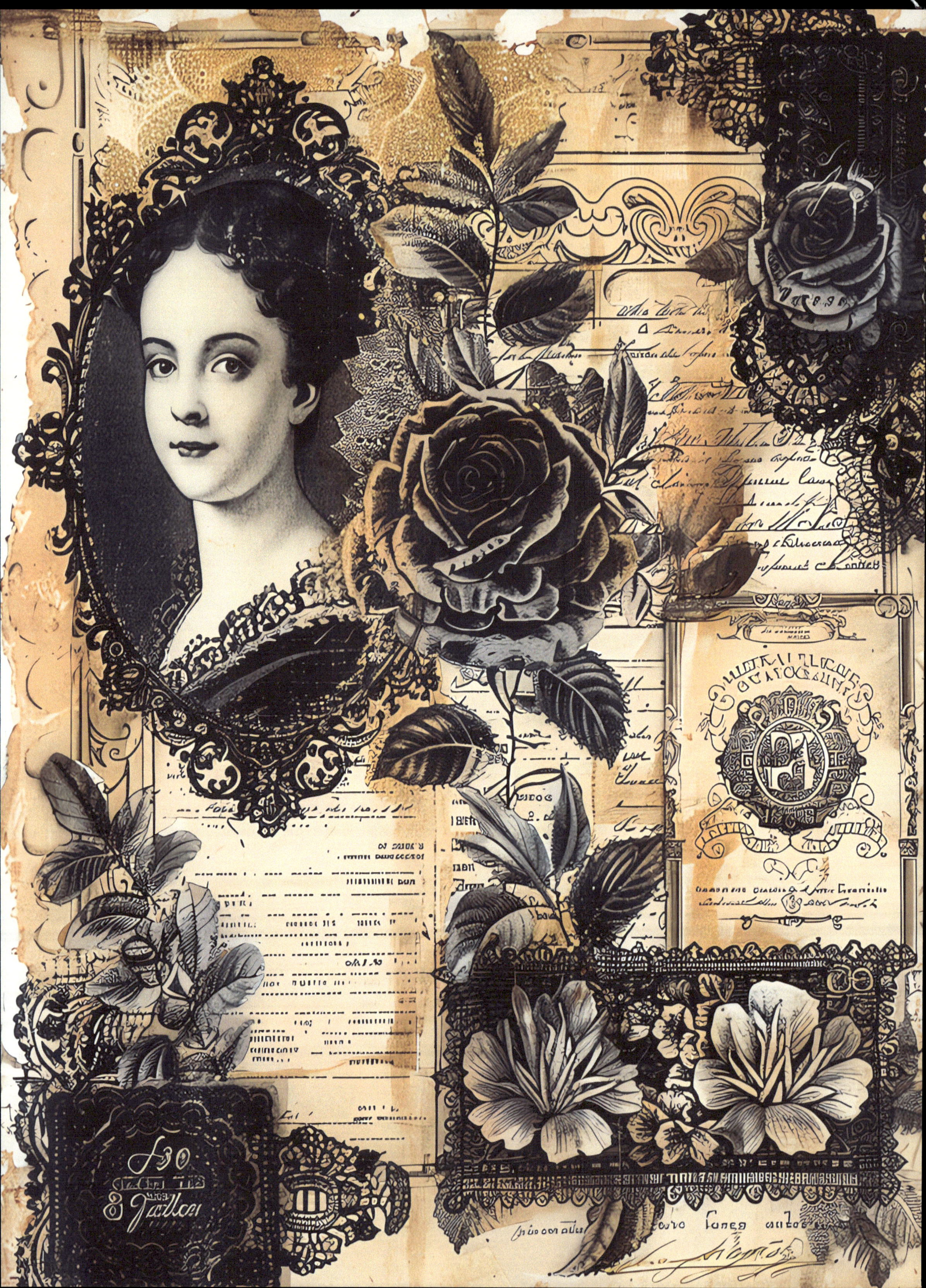

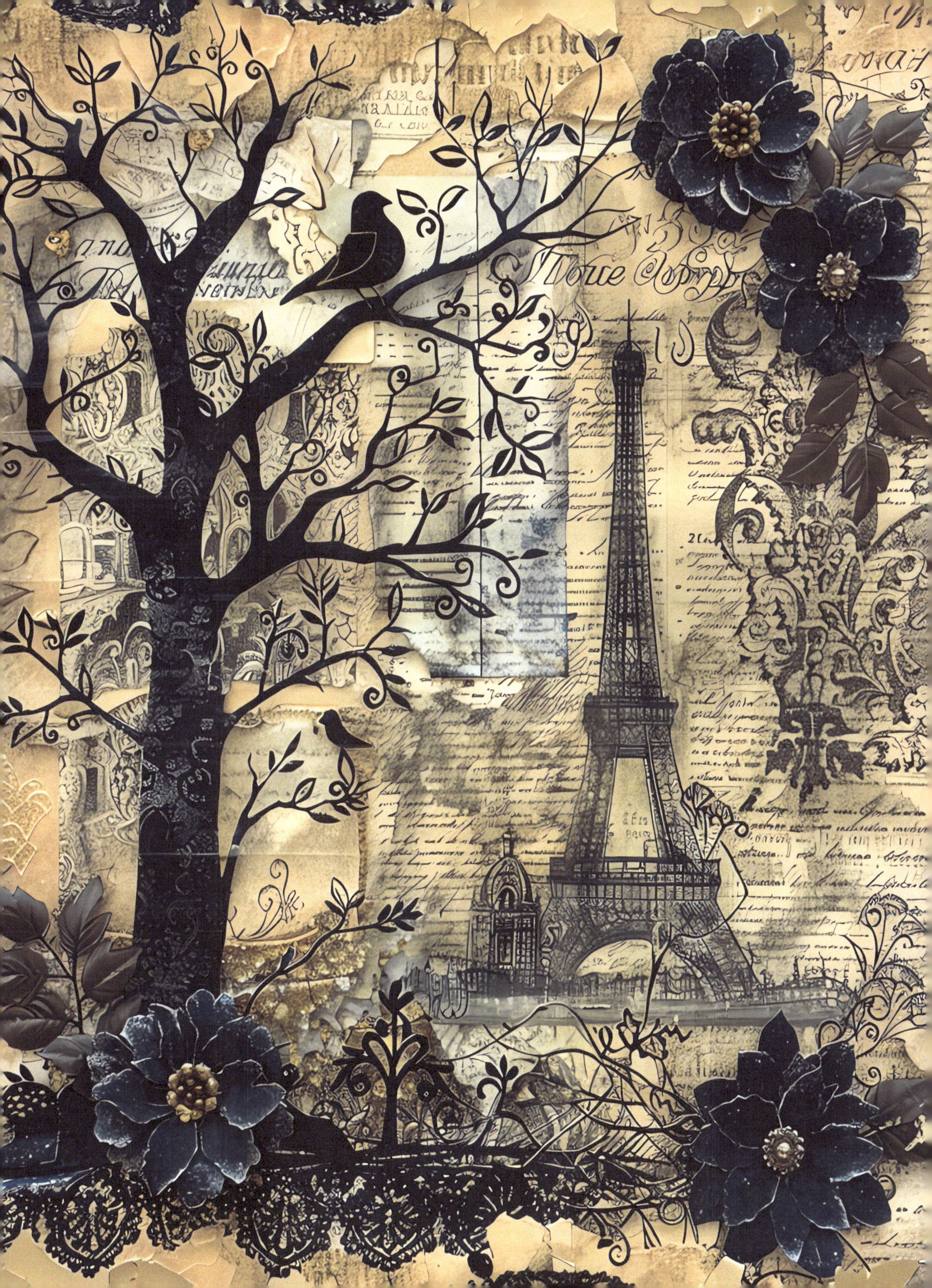

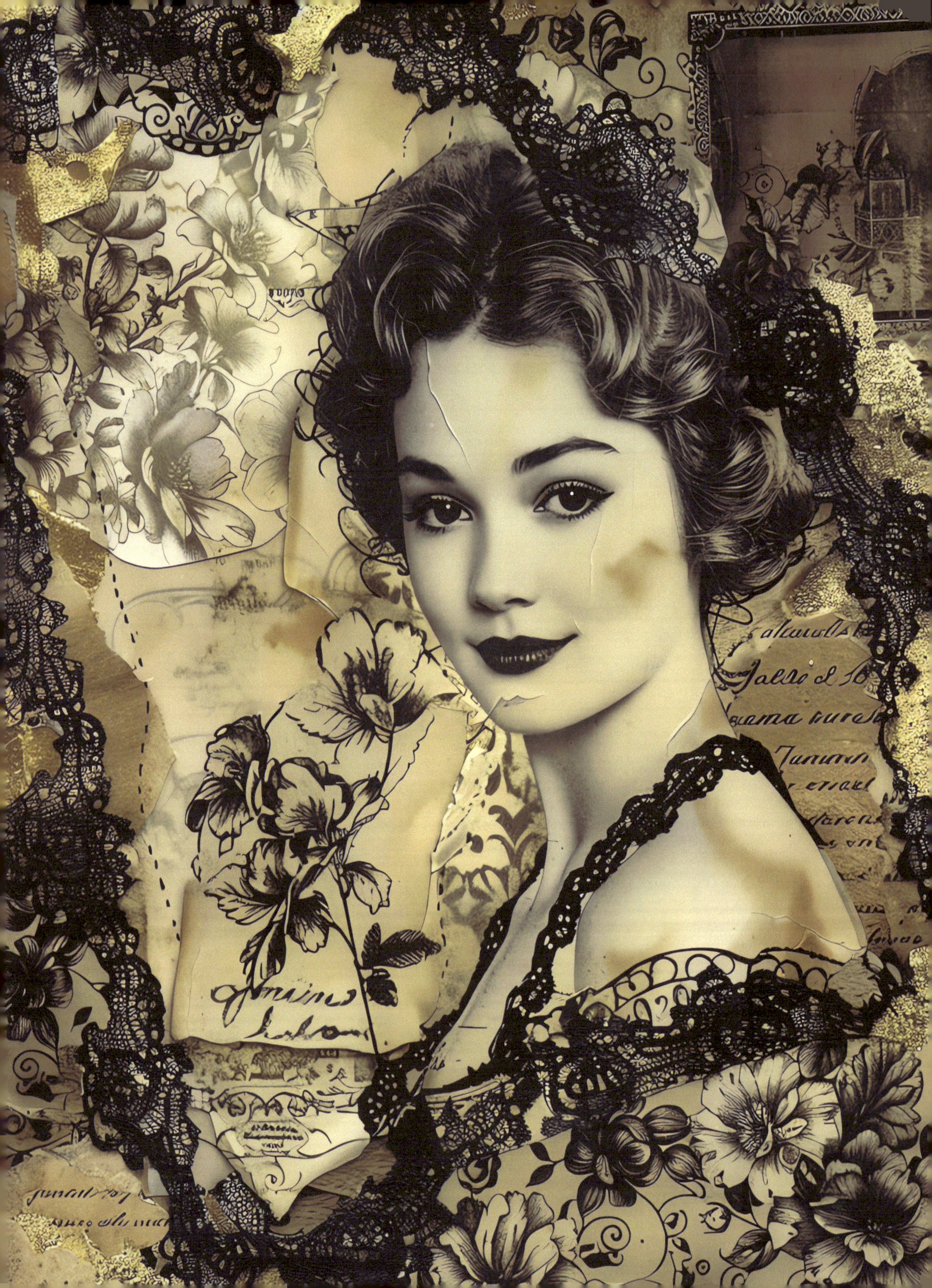

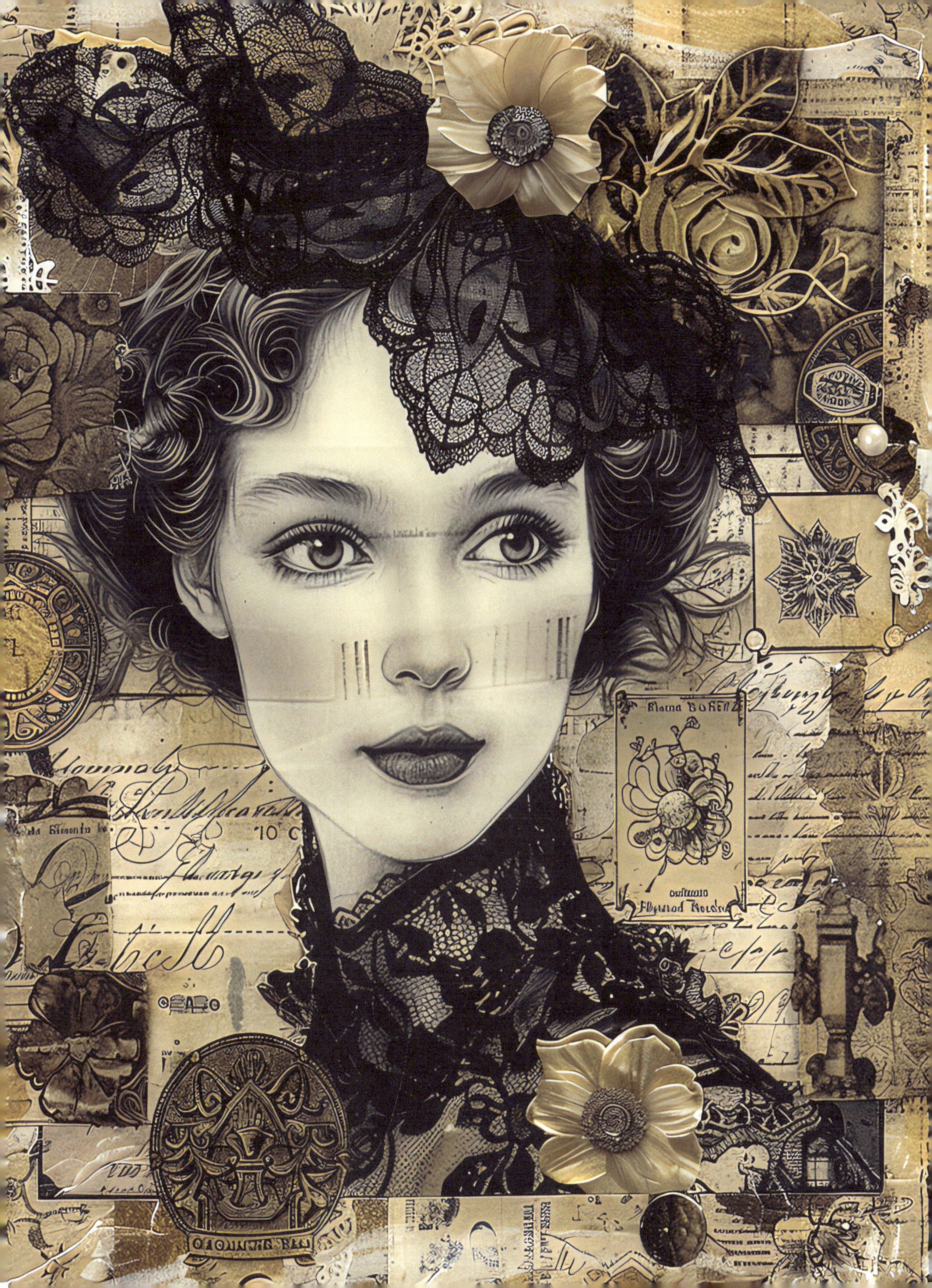

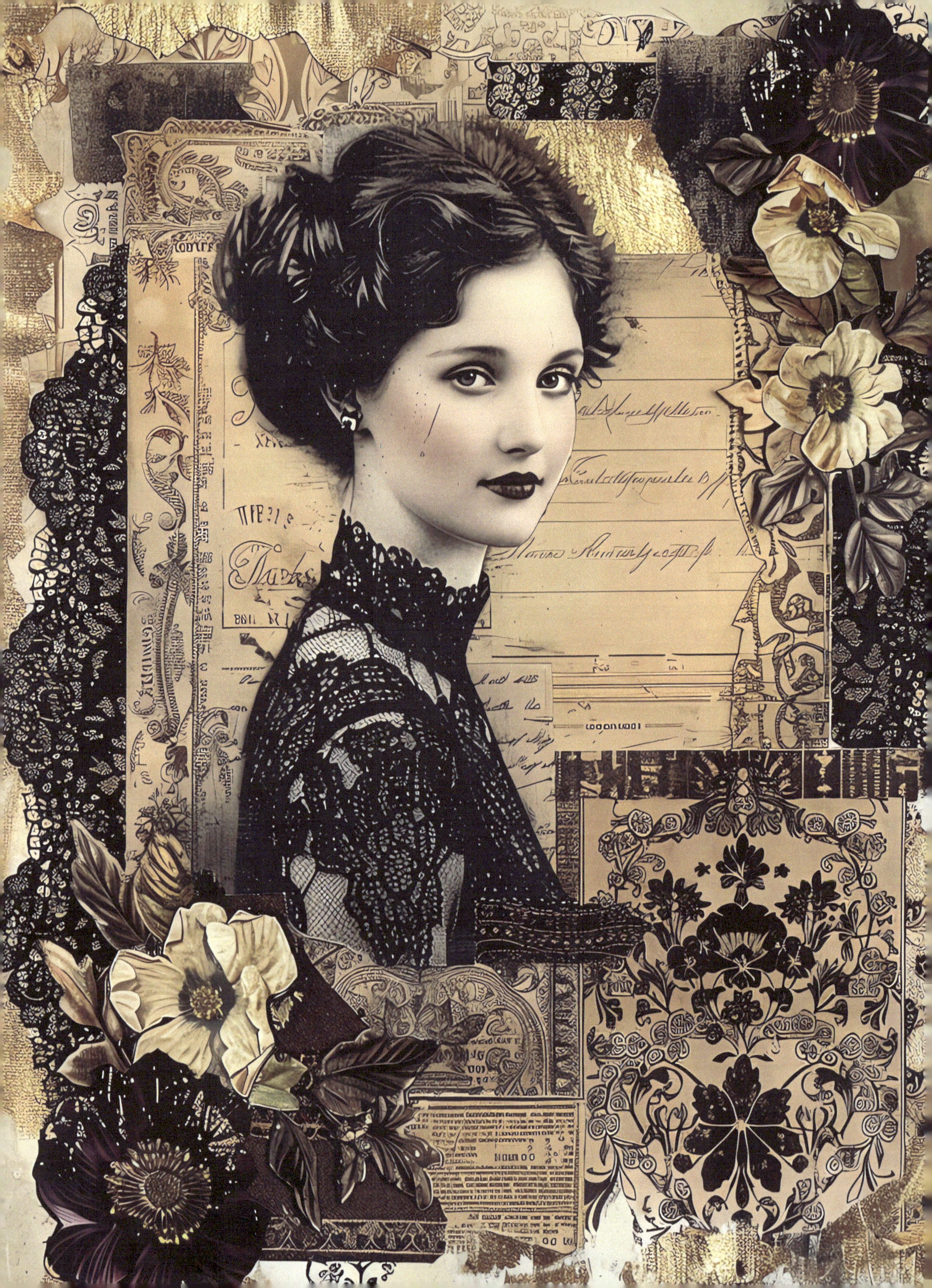

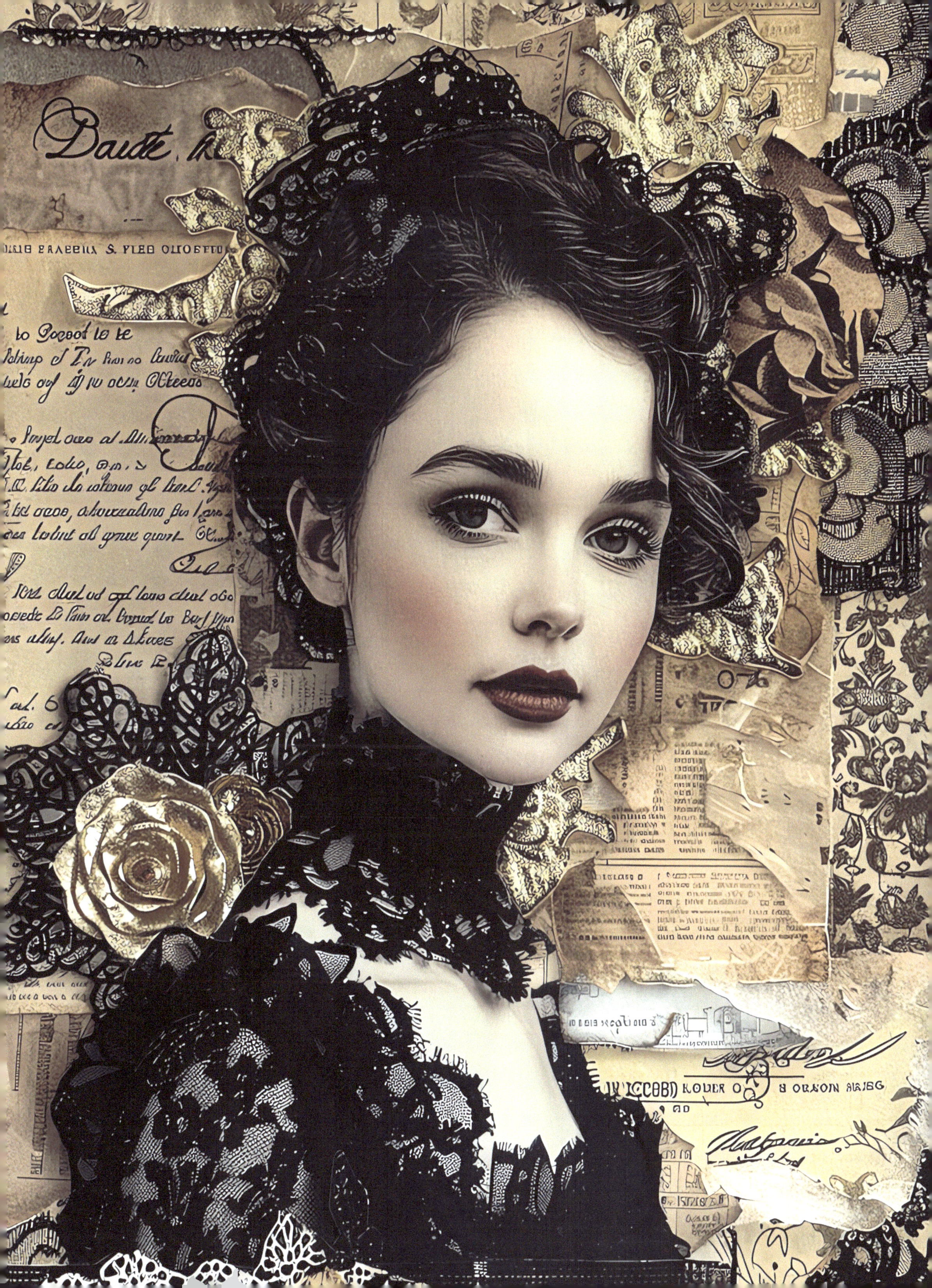

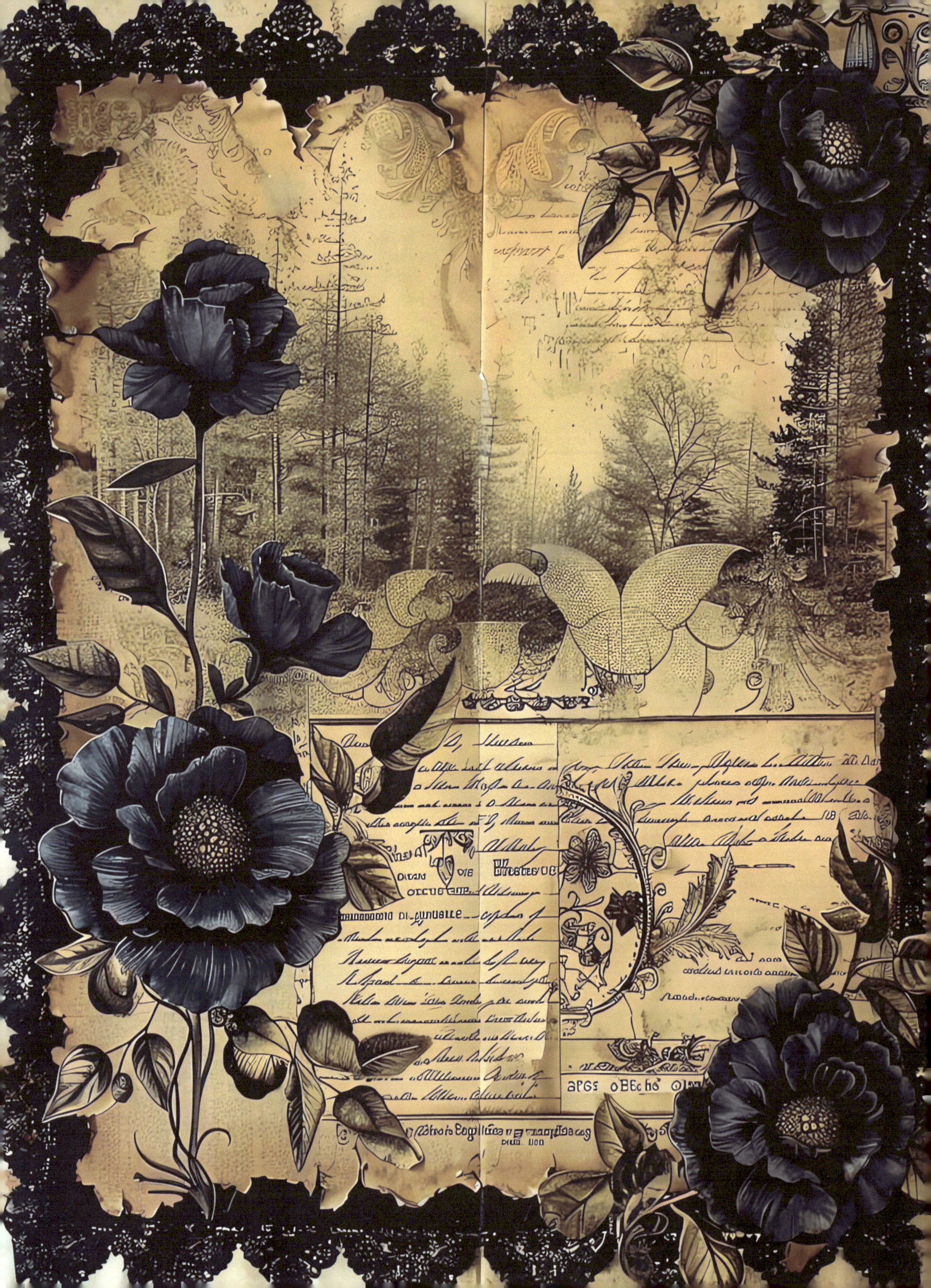

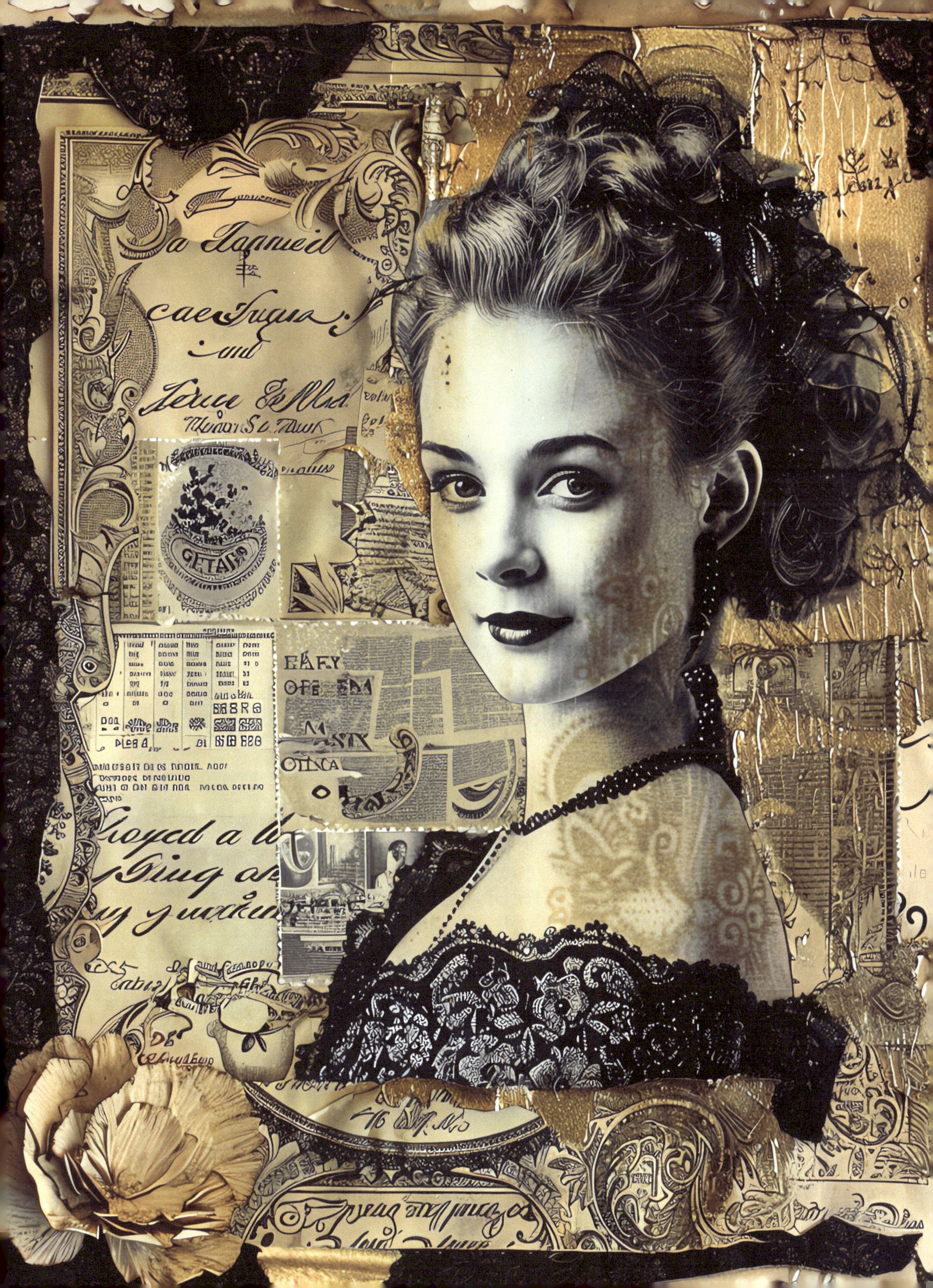

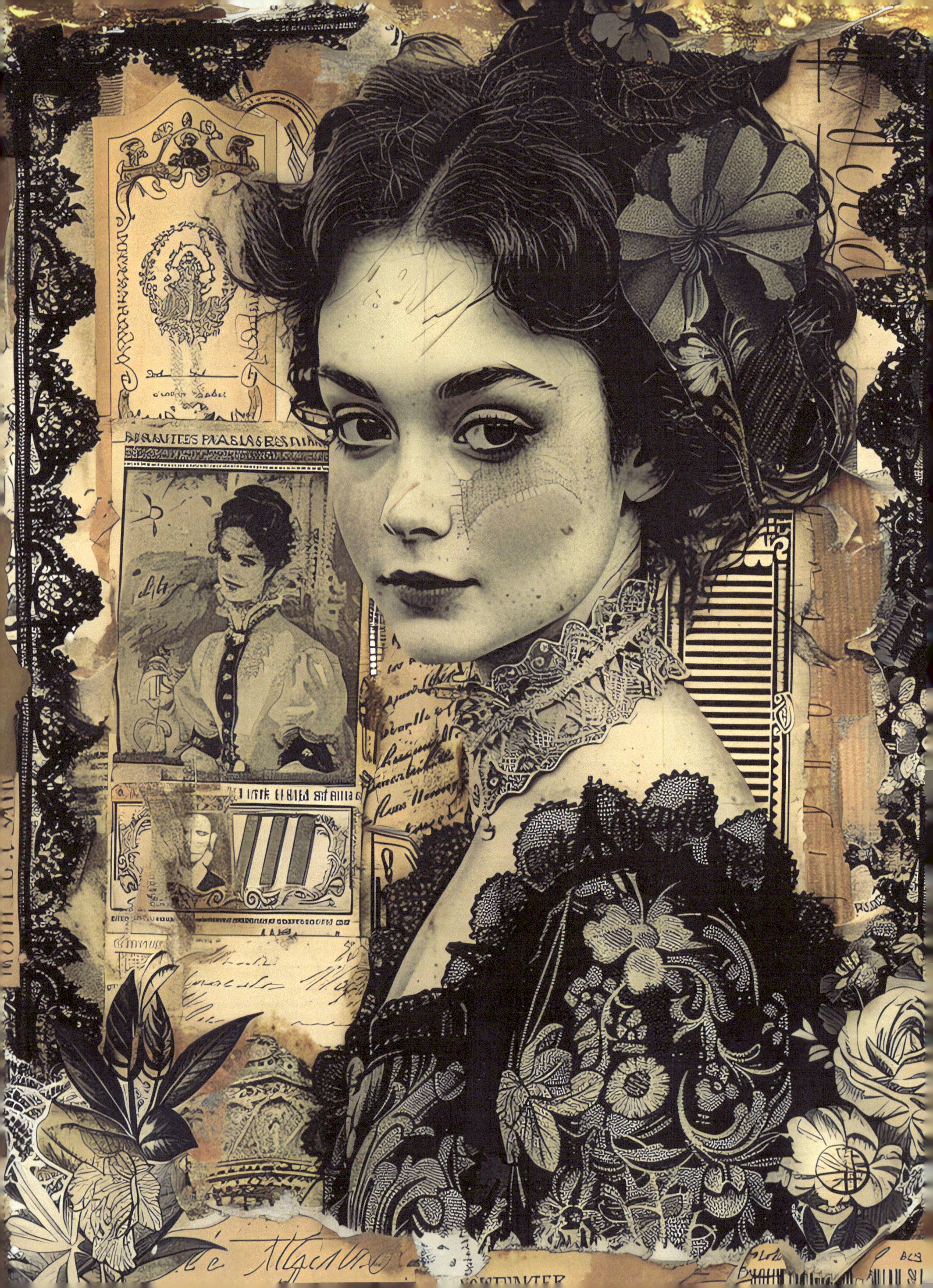

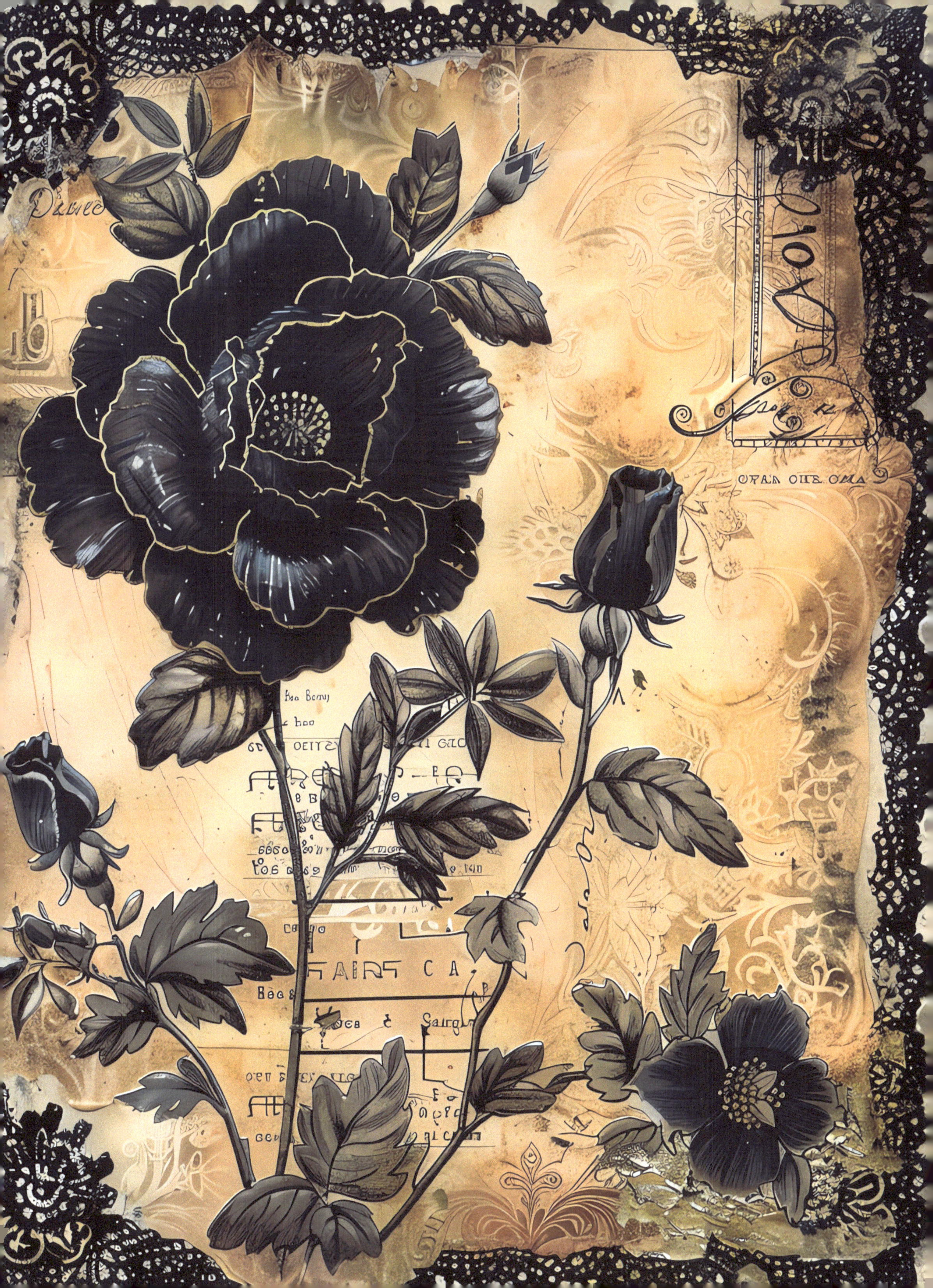

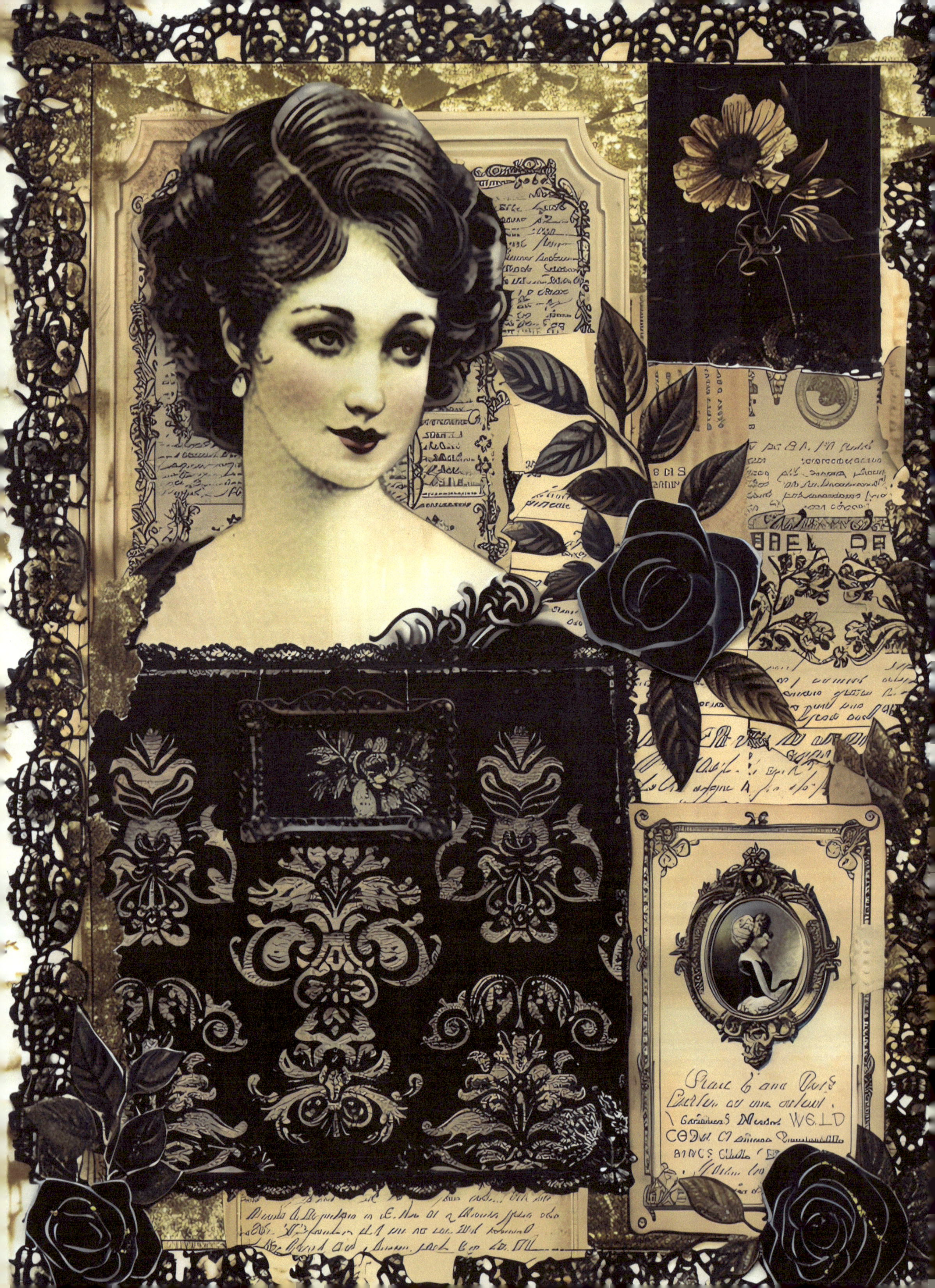

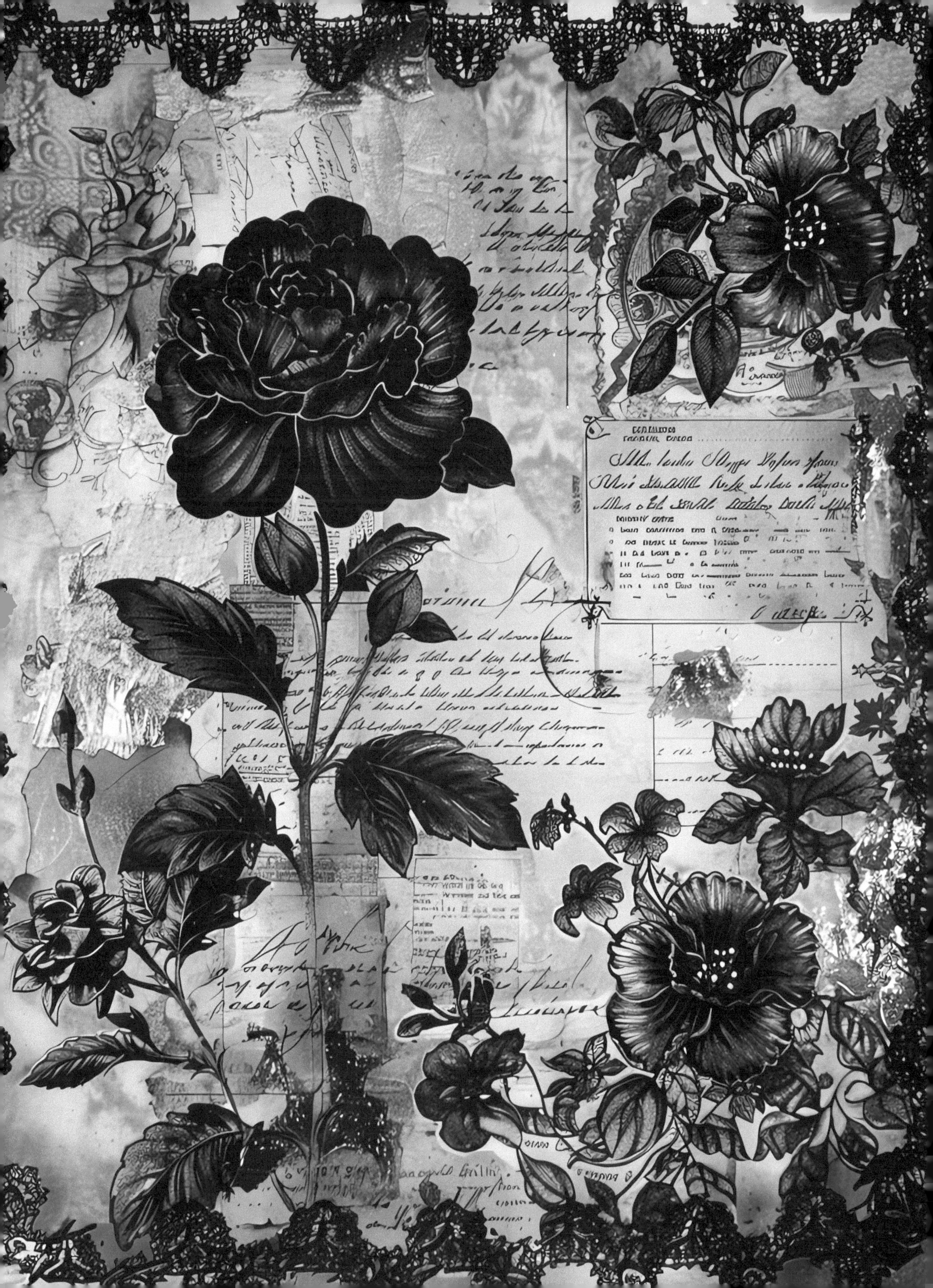

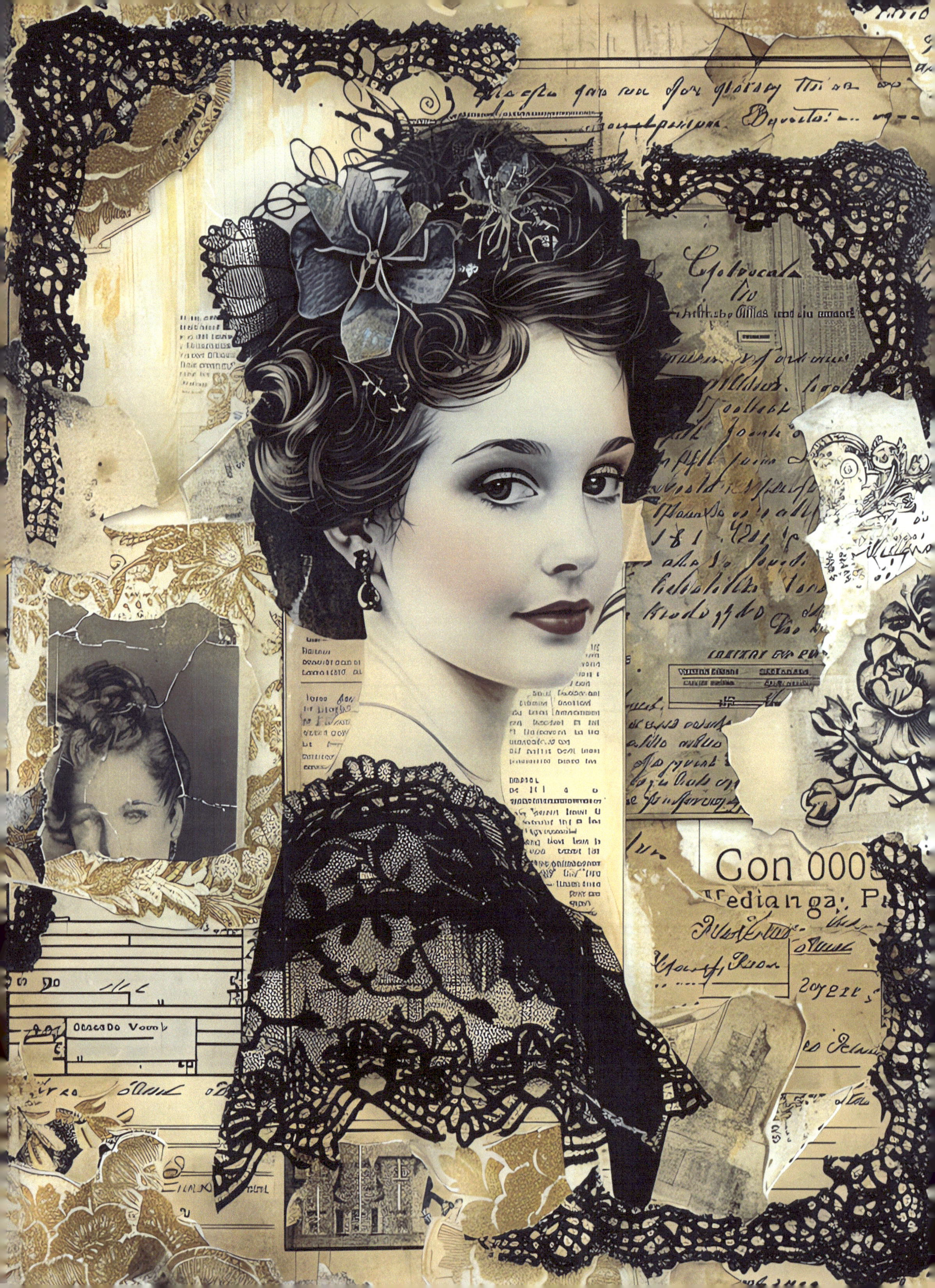

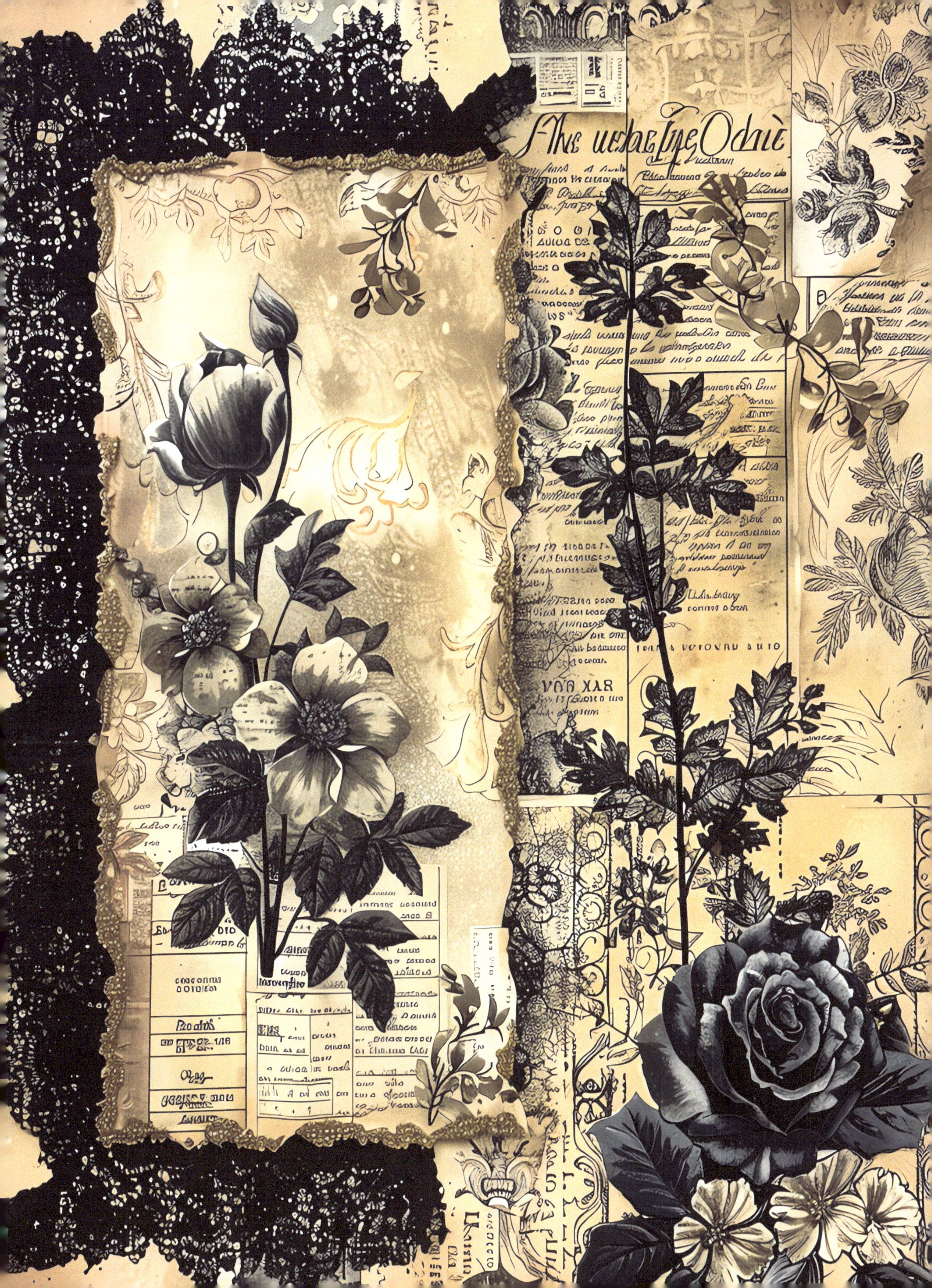

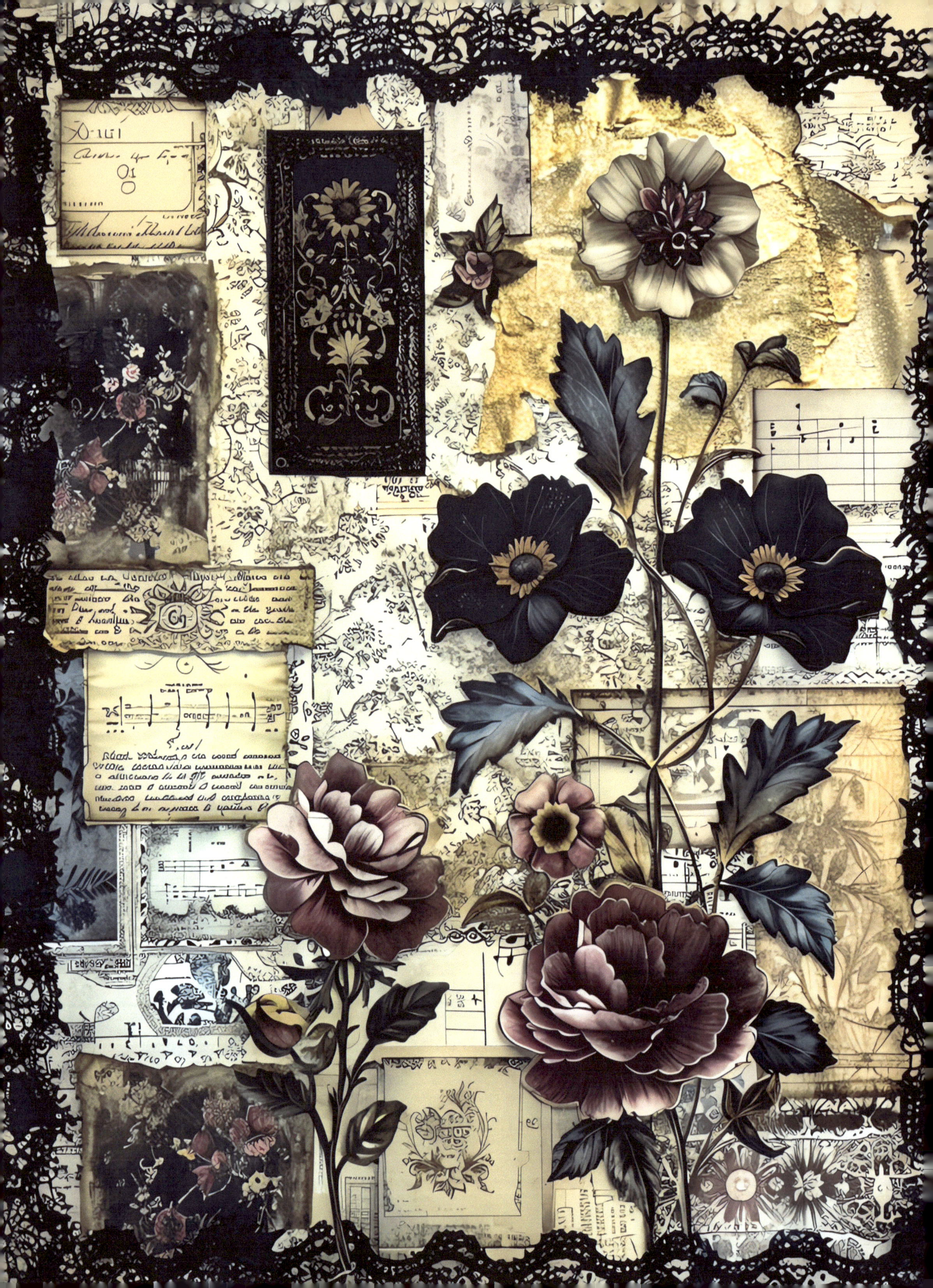

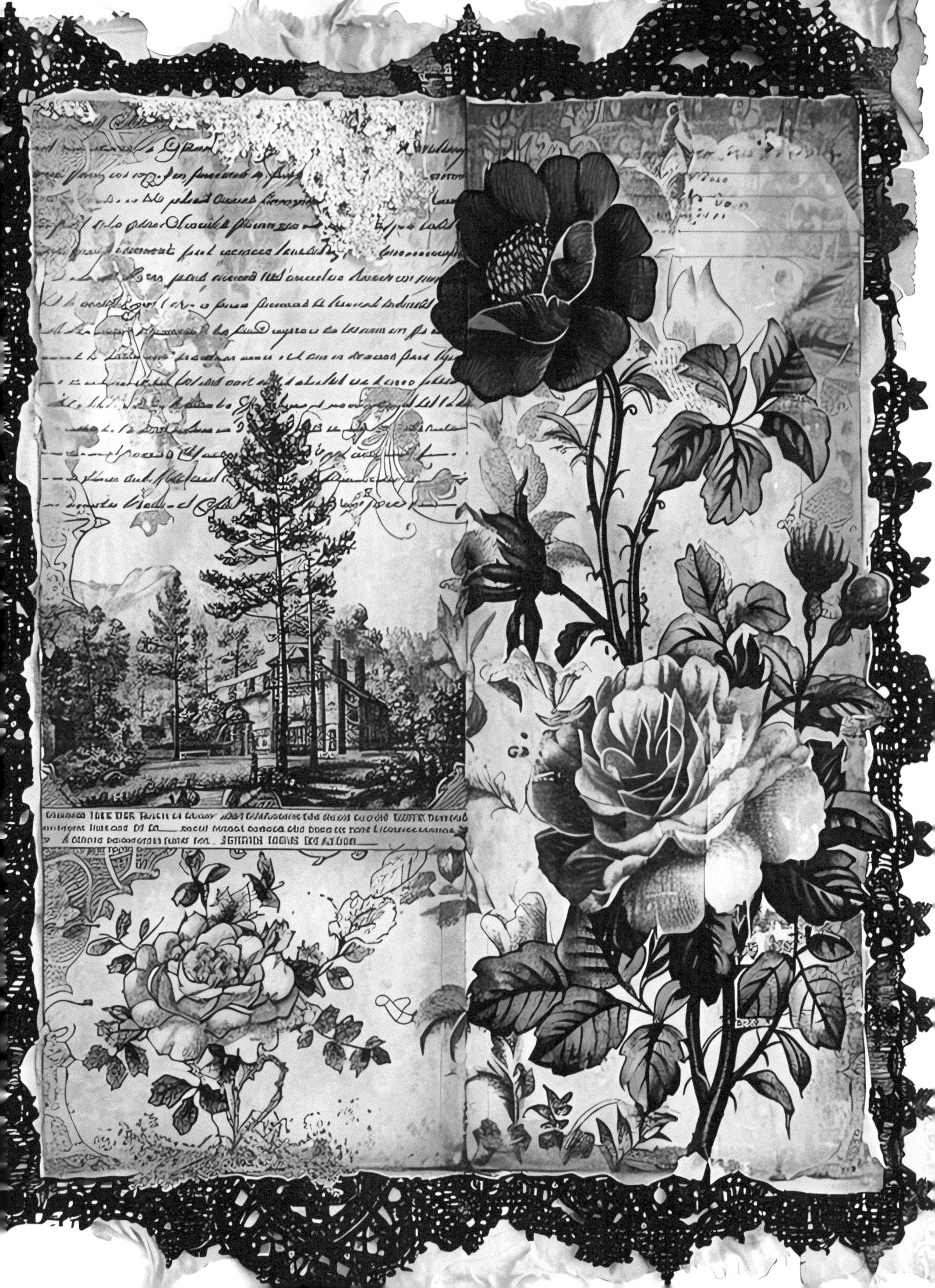

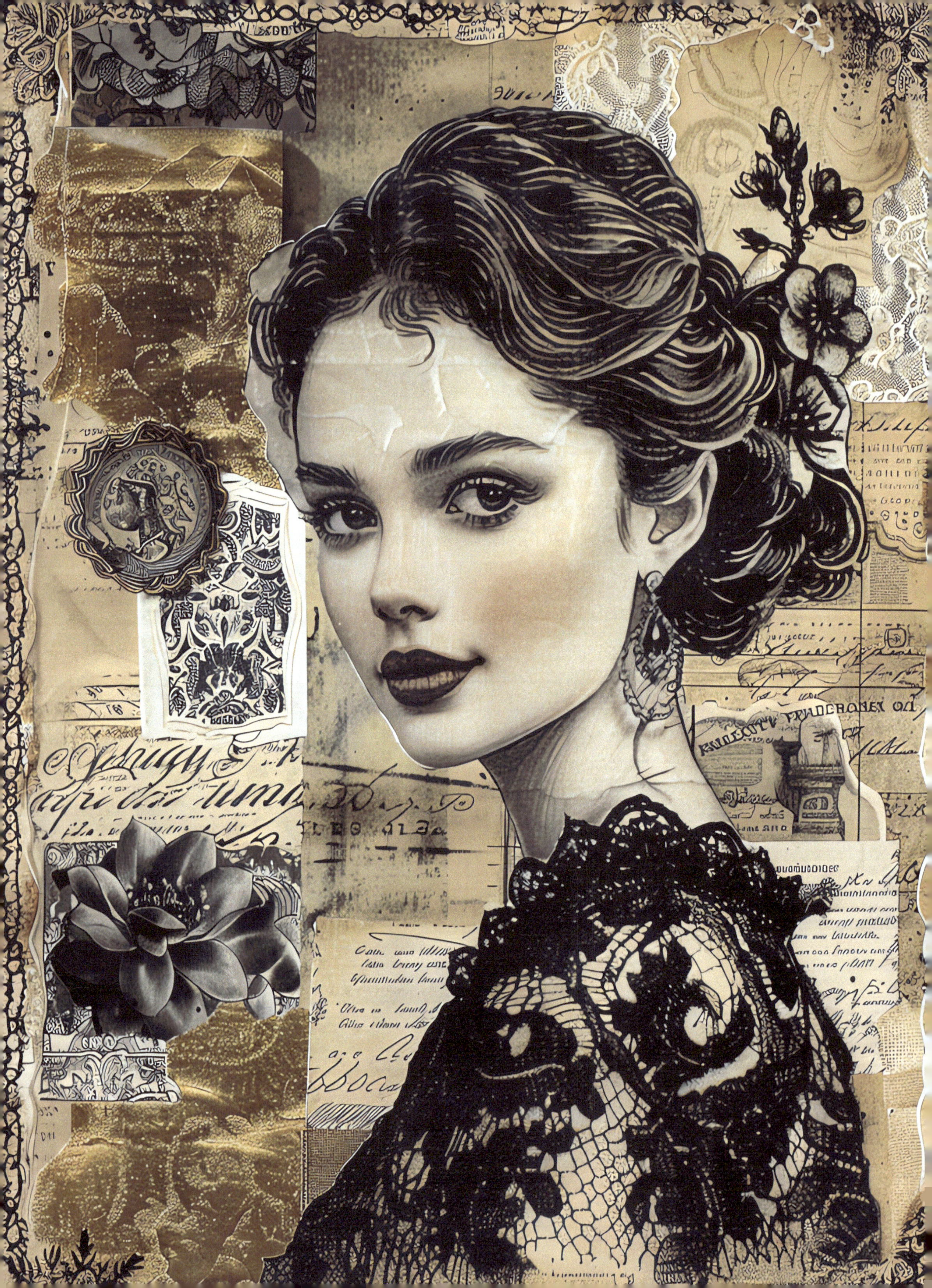

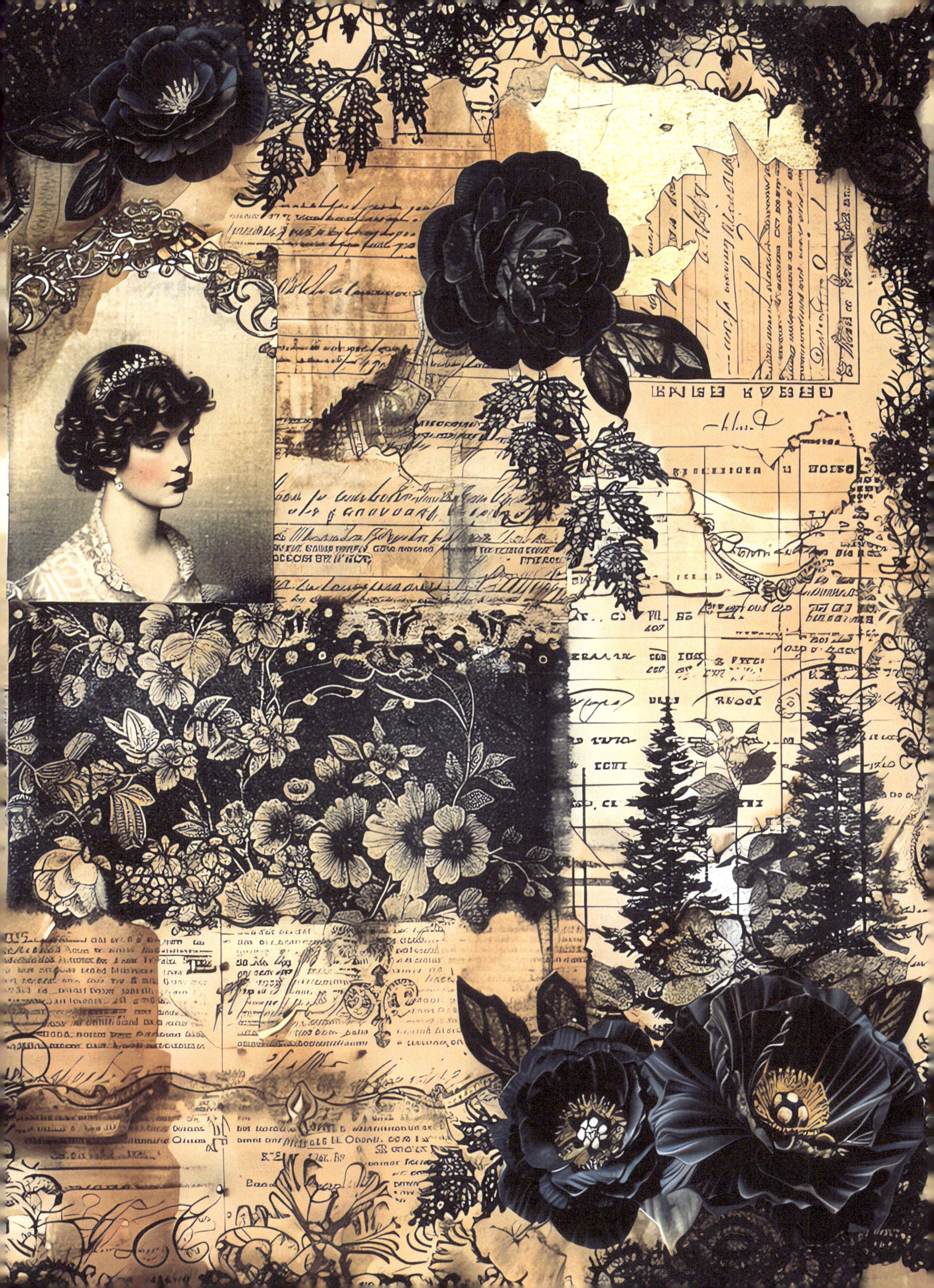

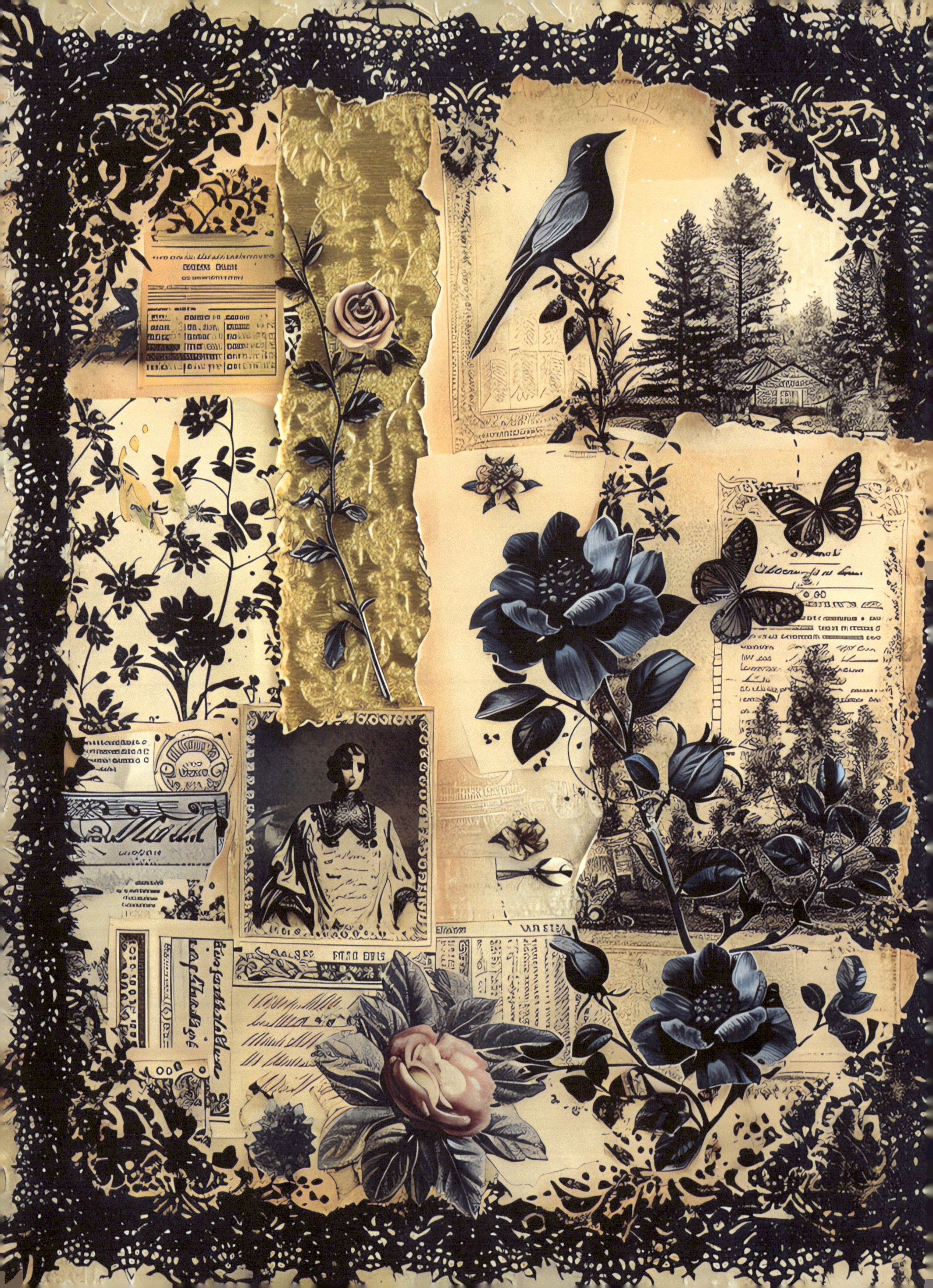

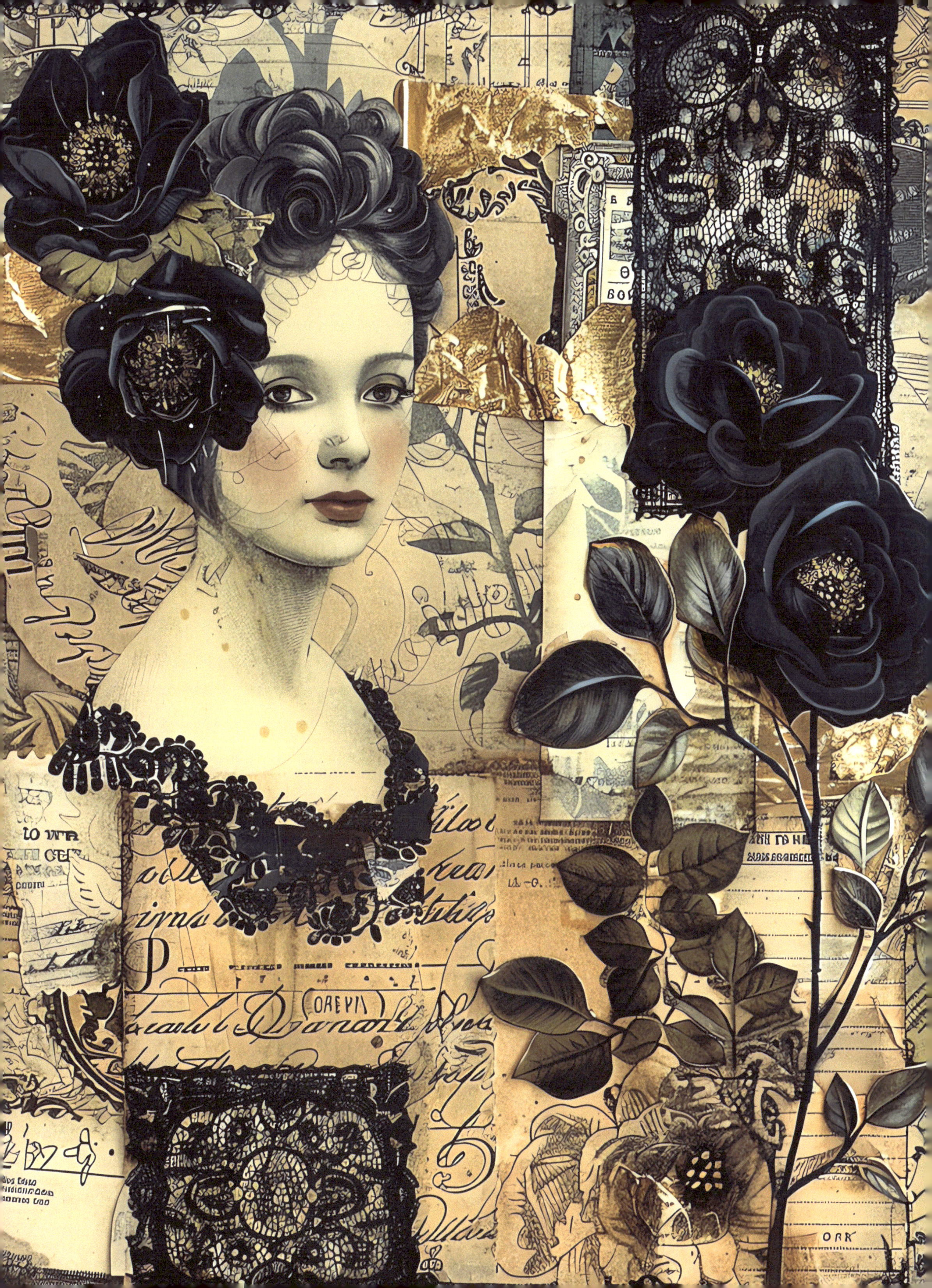

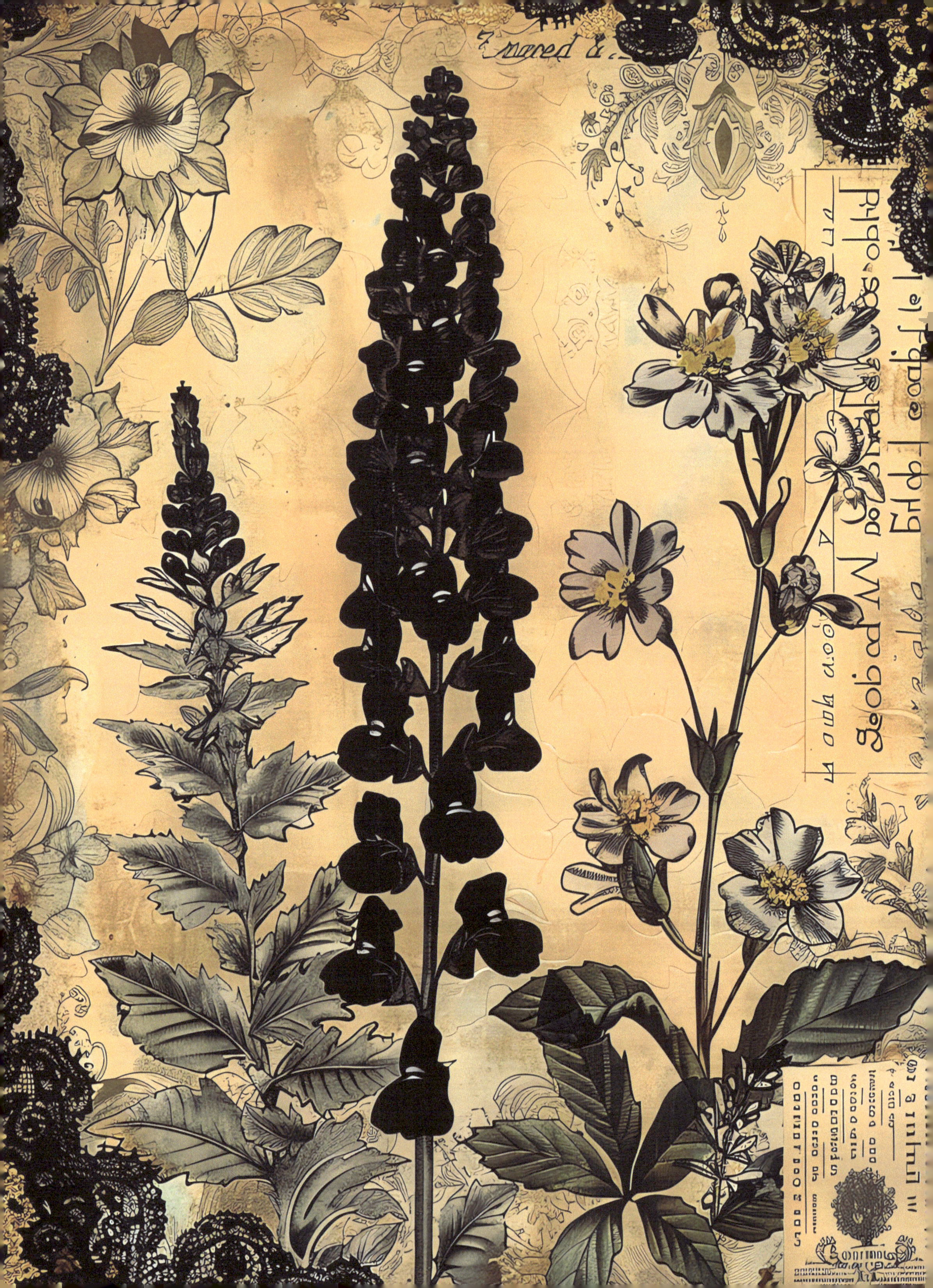

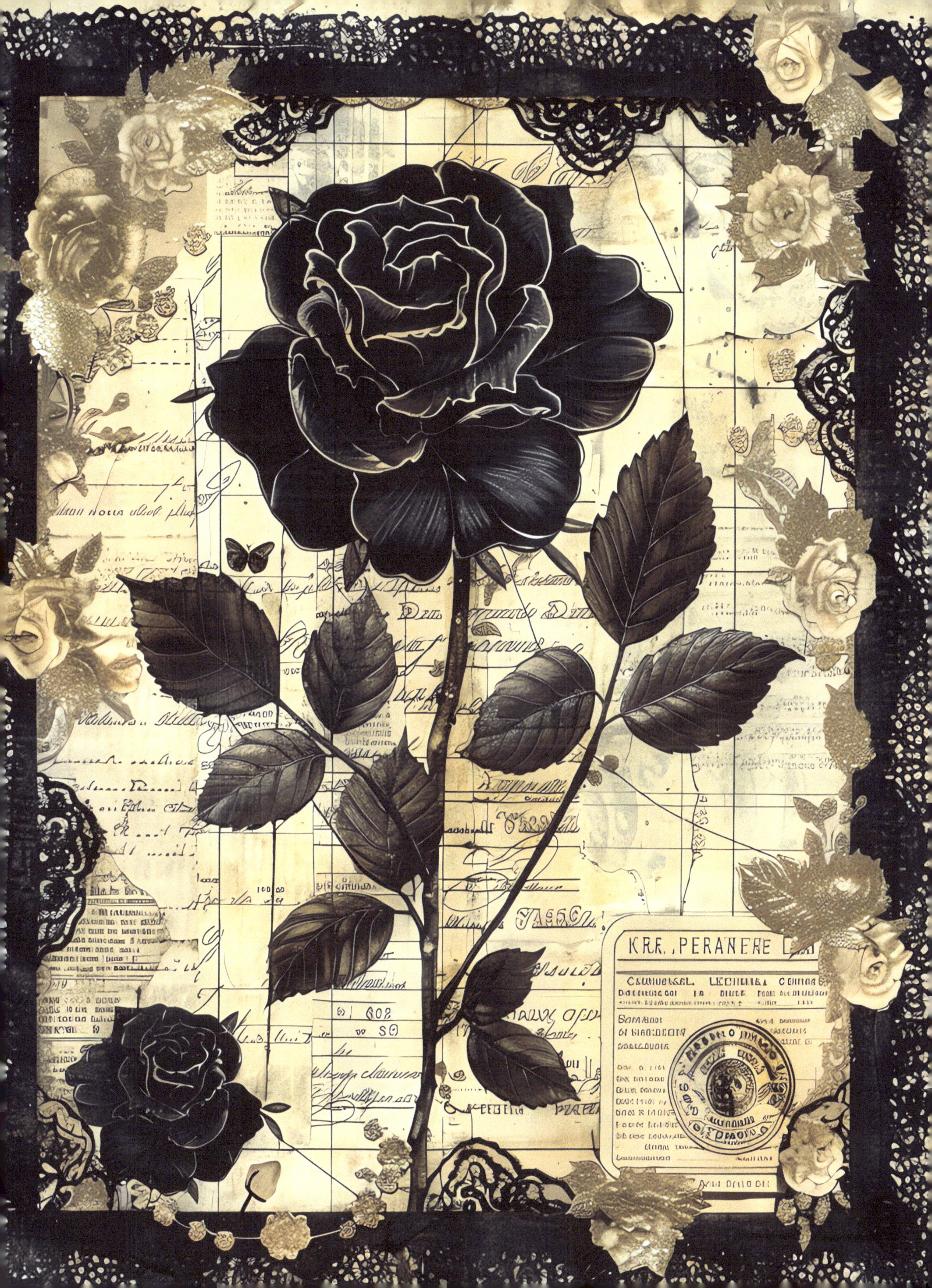
KRF. ,PERANERE

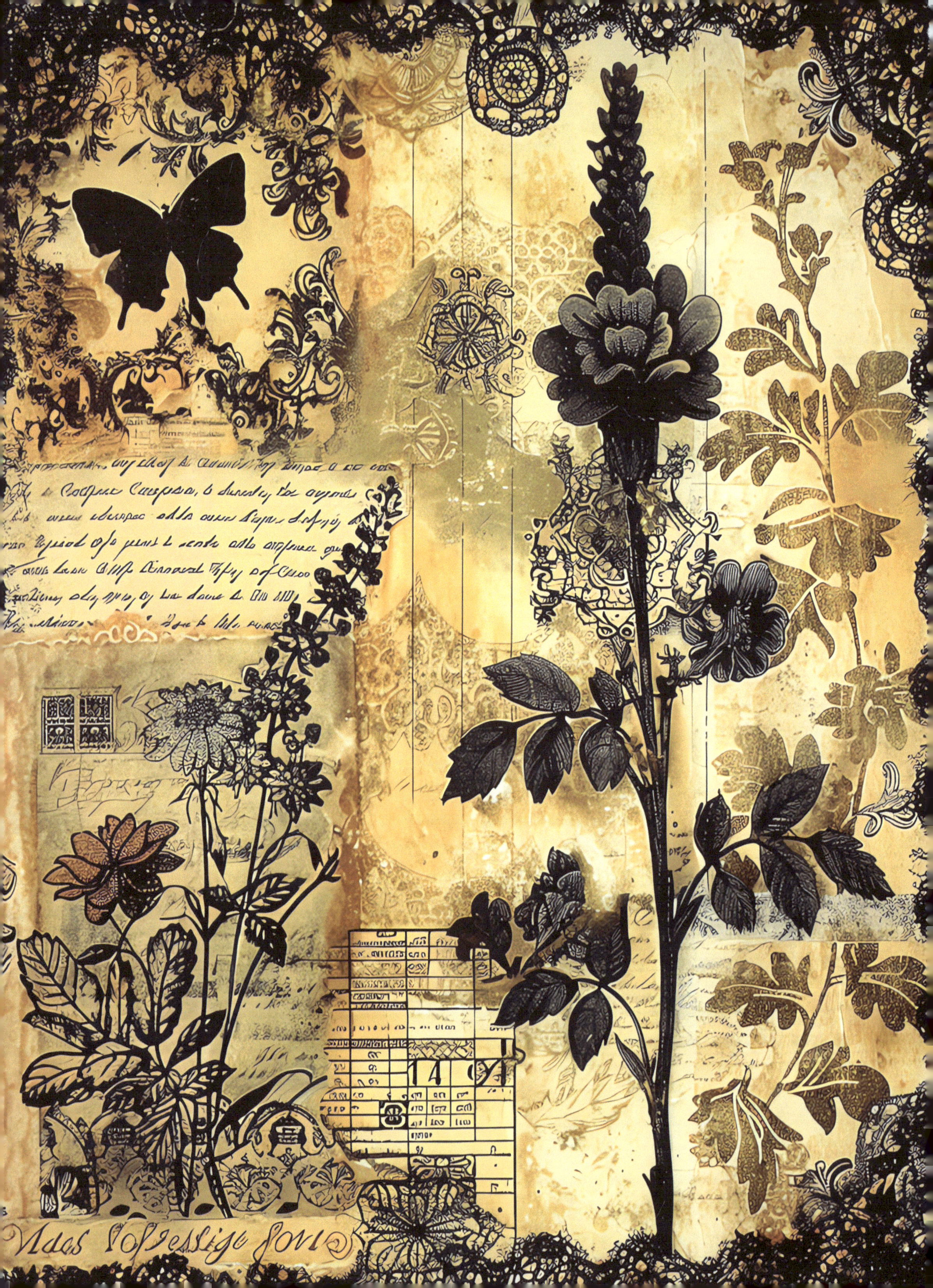

www.ingramcontent.com/pod-product-compliance
Lightning Source LLC
Chambersburg PA
CBHW040434220526
45473CB00004B/1434
9798301232398